职场加速

每天多出2小时

时间管理

2 EXTRA HOURS PER DAY

波波羊　蒋志军◎著

CNS PUBLISHING & MEDIA 湖南教育出版社

图书在版编目（CIP）数据

职场加速·时间管理：每天多出2小时 / 波波羊，蒋志军
著. 一长沙：湖南教育出版社，2019.4
ISBN 978-7-5539-6656-4

Ⅰ. ①职… Ⅱ. ①波… ②蒋… Ⅲ. ①时间—管理—
通俗读物 Ⅳ. ①C935-49

中国版本图书馆CIP数据核字（2019）第004932号

ZHICHANG JIASU
SHIJIAN GUANLI MEI TIAN DUO CHU 2 XIAOSHI

书　　名　职场加速·时间管理：每天多出2小时
作　　者　波波羊　蒋志军
责任编辑　徐夏楠　张　洵　任　娟
责任校对　曾朝晖　王怀玉
插画设计　张　平
出　　版　湖南教育出版社（长沙市韶山北路443号）
网　　址　http: //www.bakclass.com
电子邮箱　hnjycbs@sina.com
微 信 号　贝壳网教育平台
客服电话　0731-85486979
发　　行　湖南省新华书店
印　　刷　湖南新华精品印务有限公司
开　　本　710mm × 1000mm　16开
印　　张　12.75
字　　数　150 000
版　　次　2019年4月第1版
印　　次　2019年4月第1次印刷
书　　号　ISBN 978-7-5539-6656-4
定　　价　48.00元

序
用好时间　创造价值

先请问一个问题，
你每天的时间够用吗？

我的好朋友蒋老师，开了一家设计公司，事业发展得不错。但由于事情太多，时间不够用，他只好经常加班加点，最惨的一次是连续两个星期每天只睡 4 个小时，最后累进了医院。

事情太多，所以时间不够用，真是这样吗？

再请问一个问题，
你所花出去的时间，是否创造了合理的价值？

在 25 年职业生涯中，我接触过很多这样的职场人：他们看似很努力，花了大把时间在工作上，整天忙忙碌碌；但一天下来，零零碎碎的事情做了很多，真正有价值的事情却完成得很少。

花了大把时间，创造的价值却不理想，这又是为什么？

所有问题的原因就是：不懂时间管理，没有用好时间。

不懂时间管理的人，普遍存在以下问题：不会合理利用时间、整天忙碌没结果、工作效率低下、拖延症严重。而这造成的结果就是：大把时间被浪费，没有发挥它应有的价值。

那么，什么是时间管理？我要怎样才能用好时间？

答案很简单：

时间管理就是

用好时间，创造价值；

用好时间就是

把时间留给最有价值的事，然后高效地完成这些事情。

在快节奏的今天，我们经常被大量的事务和信息所淹没，忙着处理各种事情，但回过头来一看，我们却往往忽略了那些最有价值的事。

在 25 年职业生涯中，我也曾多次经历过这样的痛苦：工作很累、活得很辛苦，却感觉没价值、很迷茫。从 2005 年开始，我开始学习和应用时间管理。通过 10 多年的践行，我逐步掌握了时间管理法，让自己的人生变得更有效率和价值。

其实，我们每天拥有的时间并不止时钟上的 24 个小时。当我们能用好时间、专注于那些最有价值的事情时，我们会觉得时间变得很长、很充足。

借助本书，希望能帮助大家学会用好时间、创造更多的价值，让自己的每一天多活出 2 小时！

目录

CONTENTS

01 什么是时间管理

02 知道做什么

03 明确事项目标

04 学会正确计划

05 提升工作效率

06 抗击拖延症

07 掌握职场规范

08 建立时间管理原则

09 时间管理落地应用

01

什么是时间管理

时间管理，就是“用好时间，创造价值”

1.1 我们为什么需要时间管理

在今天，我们会遇到各种各样和时间有关的问题。比如：

- 太多事情做不过来，经常感觉时间不够用；
- 忙忙碌碌工作一天，却没创造什么成果；
- 工作效率很低，经常被其他事情或人干扰；
- 拖延症有点严重，做事总是有点拖拖拉拉；
- 时间比较空闲，却都用在刷手机、打游戏这些事上……

这些问题，多数情况下并不是因为个人能力弱，也不是因为自律能力差，而是因为不会时间管理。

仔细分析那些职场成功人士，他们几乎都具有以下特质：

- 认为自己的时间非常宝贵；
- 工作时间并不一定很长，但是效率特别高；
- 清楚地知道自己要什么，做事的目标性很强；
- 几乎只做有价值的事，尽量与有价值的人做朋友。

因此，我们要采用的正确方式是：不用去拼时间花费的多少，而是要拼时间的使用效率；不用去拼完成事情的多少，而是要拼完成事情所带来的价值。

时间管理要解决的核心问题，就是让花掉的时间，为自己带来更多的价值。

1.2 我们的一生有多长时间

请大家思考一个问题，我们的一生究竟有多长时间？

按照中国人的平均寿命统计，人一生的寿命大概是 75 年。如果按照每一个月对应一个格子，75 年就对应 900 个格子。我们可以画一张这样的格子表，其中每个格子代表着我们每个月的时间。

那我们会如何度过自己的一生呢？

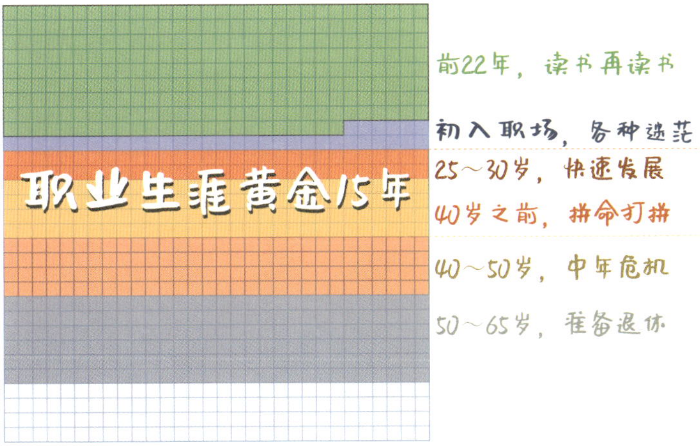

前 22 年（如果上大学），我们主要做的事是读书，从幼儿园到小学，从小学到中学，从中学到大学。

22 岁（大学毕业后）至 25 岁，我们将会进入职场。这三年我们会碰到各种问题、遭遇各种迷茫。我们要在这三年中找到自己的职业发展方向，找到属于自己的那条路。

在 25 岁到 30 岁，我们需要快速发展。有的小伙伴找到了自己的路，就会发展得很快；有的小伙伴依旧在迷茫中探索。这 5 年，很大程度上决定了我们能否走好职业发展之路。

30 岁到 40 岁，是职业生涯中精力最旺盛的时刻。我们的能力、精力和经验都处于比较巅峰的水平，我们要去努力发展自己的事业、谋求更多的财富，同时也会面临很多的压力：职场竞争、买房买车、结婚生子等。

而在 40 岁之后，大多数人都会出现所谓的中年危机。和新进职场的小伙伴比较起来，我们的精力和学习力都可能不如他们，如果在职场上还没有一个好位置，这时中年危机就来了。

在 50 岁以后，我们的职业生涯开始处于明显下降的阶段。大多数人的选择是准备退休，对职业发展已经没有太多期望；而到了 65 岁以后，我们的职业生涯将画上句号。

对多数人来讲，职业发展的黄金时间只有 15 年，也就是从 25 岁到 40 岁的这个阶段。这 15 年如果把握得好，你的职业发展会很理想，以后的日子也会过得舒坦；但如果没有把握住这 15 年，你的职业发展就会很一般，很可能以后还要为了生活而苦恼。

认真思考这 15 年黄金时间。

一年 365 天，扣除节假日和周末，我们一年只有约 250 天的工作时间。一天按 8 小时工作时间计算，我们一年其实只有 2000 小时用于工作和创造收益。

15 年累计下来，我们总共只有 30000 小时的时间，折合到年也就是 4 年不到的时间。

可以看到，人一生中真正用于创造价值的黄金时间其实很少，我们的时间超级宝贵。

但在年轻的时候，我们很难感受到时间的宝贵。年轻时，最大的资本就是年轻，总觉得时间大把，浪费了也无所谓。

大叔读书很早，14 岁半入读南京大学少年班，19 岁不到就大学毕业参加工作。工作头七年，我根本就没有想过应该如何去认真对待时间、计划自己的工作和生活。和今天很多年轻人一样，我想的就是如何快速完成工作、如何玩得开心。

这样日复一日、年复一年，时间花掉了，自己却没有收获什么，这才认识到时间的宝贵，才开始逐步认真对待时间。

其实，我们都应该尽早掌握时间管理法，用好自己的时间，创造更多的价值。

1.3 什么是时间管理

时间管理概括起来就是八个字：“用好时间，创造价值。”

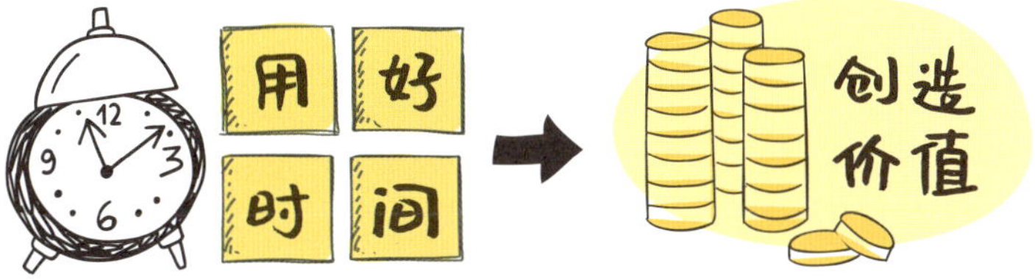

“用好时间”是方法。

因为时间是最宝贵的资源，我们就一定要好好规划，做好计划和安排，减少时间的浪费。

"创造价值"是目的。

用好时间的目的是创造价值。时间如此宝贵，我们却没有创造出相应的价值，那就是在白白浪费时间。

那如何才能用好时间创造价值呢？有两句话很重要。

第一句话叫"把时间留给最有价值的事"。

我们要面对的事情很多，但真正有价值的事情很少。

你需要把工作中所有的事情都做好吗？不是这样，你只需要做好那些最有价值的事。你需要结识一大堆朋友吗？不是这样，你只需要去结识那些对你真正有价值的人。

根据著名的"二八"法则，20% 的事情决定了 80% 的价值，因此我们真正要做好的，首先是那高价值的 20% 的事情。

把时间留给最有价值的事，这是关键。

第二句话叫"高效完成最有价值的事"。

找到最有价值的事情后，我们要去高效地完成这些事。

高效完成的第一个关键点是"完成"。

完成事情，就意味着要去达成目标。比如你要去完成一项任务，花费了很多时间，却没有达成既定的任务目标，那这样的结果就没有价值或价值很低。

高效完成的第二个关键点是"高效"。

完成事情，我们还要有效率。乌龟和兔子赛跑，兔子已经跑到了终点，乌龟还在慢慢晃悠，这样即使最后完成了也没有太多价值。

因此，要做好时间管理，我们需要关注三个核心点：

1. 价值：价值是根本。要把时间留给最有价值的事。

2. 效率：效率决定过程。实现高效率，过程才能顺畅。

3. 目标：目标决定结果。只有达成目标，才能实现价值。

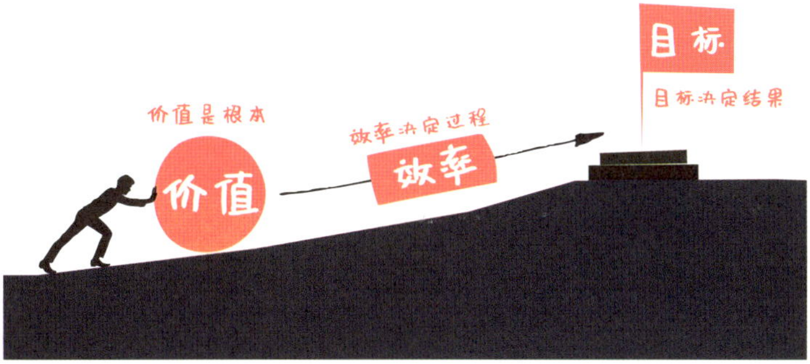

1.4 如何学习时间管理

学习时间管理，核心就是三大步骤：

第一个步骤，建立对时间管理的正确认知。

认知非常重要。认知一旦偏了，行动自然会出现问题。

第二个步骤，分段学习时间管理的方法，并落地应用。

学好时间管理不可能一蹴而就，也不能纸上谈兵，要做的就是分阶段学习时间管理的各种方法，把学到的落地应用。

第三个步骤，逐步养成时间管理习惯，建立时间管理原则。

坚持落地应用时间管理的方法，就能逐步养成时间管理习惯，最终形成自己的时间管理原则。

根据时间管理的三大学习步骤，大叔把时间管理的学习分为四大阶段，包括八大核心主题。

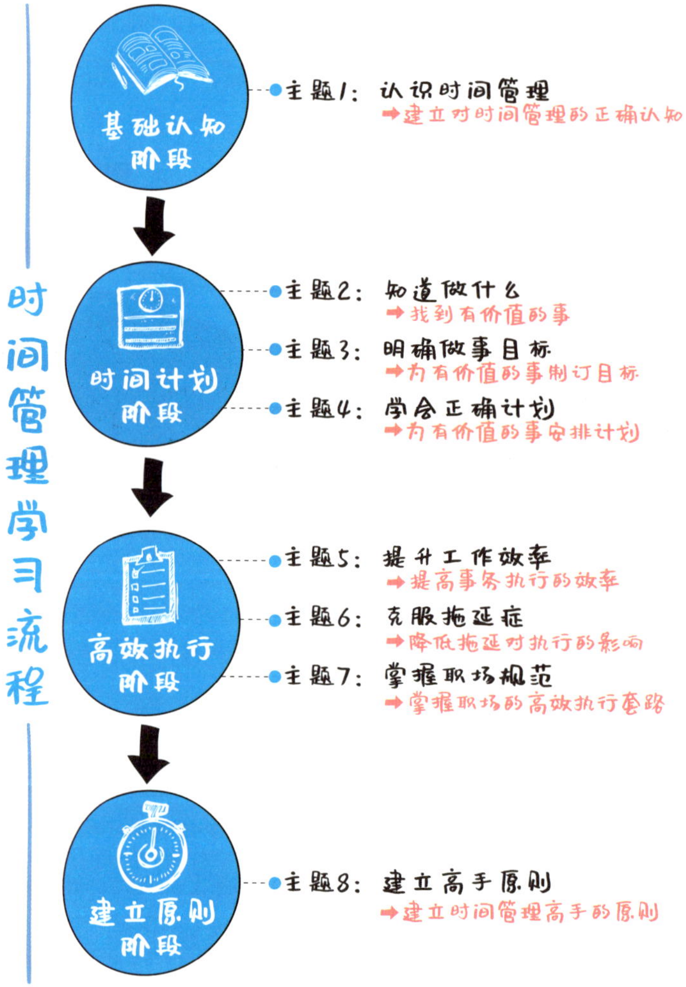

1.5 时间管理的谎言与真相

要建立时间管理的正确认知，就必须识别时间管理的相关谎言，并了解对应的真相。

谎言：时间是无法管理的

真相：每个人都可以管好自己的时间

在某本流行的时间管理书中提出了“时间是无法管理的，能管理的只有我们自己”的观点，而且这个观点流行很广。其核心理由就是，因为时间是不断流逝的，所以你无法管理时间。

让我们仔细思考一下：虽然时间的流逝不可控制，但是在流逝的过程中，你完全可以决定如何运用时间、在什么时间去做什么样的事。我们完全可以管好自己的时间。

谎言：没有时间管理，我也一直过得很好

真相：正确运用时间管理，工作和生活会更好

有很多人会说，我一直没有做时间管理，但我也很开心，过得也很好呀！波波羊大叔其实也经历过这个阶段，年轻的时候时间充足，仗着自己有点聪明和天赋，随意地挥霍时间，只去谋求开心和快乐，压根没想过什么时间管理。

但是今天回过头一看，如果当时学会时间管理，将时间用在更多有价值的事情上，那现在的工作和生活会更上一层楼。

正确运用时间管理，我们的工作和生活会更好。

谎言：缺少时间？多加加班就好了

真相：只增加工作时间，无法解决时间管理问题

有很多老板对员工喜欢讲这句话，没时间，怎么办？很简单，多加加班就好了。

但实际上，加班只能解决短暂的时间不够用的问题，而无法从根本上解决时间问题。

如果一个人总是需要加班，那只可能有两个原因：要么工作已经超负荷，要么就是你的时间管理有问题。而如果是后者，我们就要透过表面看本质，找到根本性的时间管理问题。

谎言：我有大把时间，用不着时间管理

真相：学会时间管理，才能用好时间

有的小伙伴过得很潇洒，定时上下班，工作并不忙，下班后也不用想工作的事，有大把时间。那时间管理还有什么用？

当我们有大把时间的时候，当然会很开心。但是，你有用这些时间去创造出更多的价值吗？不论是去赚钱、让自己有成长或是让生活更充实。与其浪费时间，不如多去做些有价值的事。

谎言：我太忙了，时间管理对我没用

真相：说自己太忙的人，更需要时间管理

大叔身边很多朋友存在这个情况，从早忙到晚，事情太多了，做不完的活。于是他会有一个看法：“你看我这么多事，总是要花大把时间的，时间管理有啥用呢？”

仔细想一下，如果每天有这么多的事要处理，你是否应该重点完成其中最重要的事，而主动放弃不那么重要的一些事？你是否应该去重新分配时间，让自己的工作和生活更平衡？

长期没有时间的人，一定是对时间做了不合理的分配，导致时间不够用。说自己太忙的人，更需要时间管理。

谎言：时间管理有特效药，比如“青蛙、土豆、番茄钟”

真相：时间管理没有特效药，需要长期实践和养成

每个人都喜欢特效药。生病的时候，我们希望有个药吃下去，马上就药到病除。在时间管理方面，听说是有特效药的，比如“青蛙、土豆、番茄钟”这些方法。真的是这样吗？

学习时间管理，没有特效药。片面的方法，只能解决局部问题。而一个人的时间管理有问题，这是一个总体问题。如果满足于“吃吃药”，那时间管理的病就算短期好了，很快又会复发。

时间管理需要长期的实践和养成，推荐大家学习波波羊大叔的同步训练课程。我们采用在线教育的模式，通过“实战练习 + 老师点评答疑 + 团队学习”的方式，帮助大家真正学好时间管理。扫描封面的二维码，即可访问大叔的训练课程。

谎言：时间管理就是规划时间做计划

真相：时间管理是用好时间、创造价值

时间管理，就是规划时间做计划。这个话有一些道理，因为时间管理中的确包括这样一个部分。但是，时间管理绝对不仅仅是这样。

完整的时间管理，是用好时间、创造价值。只有把时间留给有价值的事，并高效地完成这些事，时间管理才会真正有效。

02

知道做什么

不能清楚地知道要做什么

你的时间管理就一定无效

2.1 知道做什么的重要性

知道做什么是时间管理的起点。很多小伙伴之所以时间管理出了问题，首先就出在起点上，对于“知道做什么”弄不清楚。简单思考一下，如果最开始选择做的事情都错了，那付出了越多的努力，就只会越错越多。

要做好一件事情，有两个核心问题：第一个叫“做什么”，第二个叫“怎么做”。那么，究竟哪个问题更重要？

诚然，两个问题都非常重要。但相对而言，更重要的一定是“做什么”，因为这是做事的起点。

以波波羊大叔自身为例，我工作的前13年一直在IT（Information Technology）行业进行打拼，从事软件研发、项目管理的相关工作，我一度以为这一辈子可能就要奉献给祖国的IT事业了。但在从事IT行业多年以后，我越发觉得在这个行业中找不到激情和成就感，内心的迷茫日益增长。

很偶然的机会，我离开 IT 行业进入 IT 职业教育行业，从事培养 IT 工程师的相关工作。在职业教育领域，从教学到教学管理、再到全盘管理，我重新点燃了自己的激情，找到了一条新的发展之路。

而最近 5 年，由于创业的小宇宙被打开，我一直在互联网 + 教育领域进行创业，并成立了自己的在线教育公司。

我回想这段往事并审视自己：我花了 25 年时间，才真正找到了自己的终身职业，找到了自己一辈子的奋斗方向。

所以我们可以看到，搞清楚“做什么”真的是非常重要，也比想象中的要难很多。

2.2 知道做什么的方法：“1-2-3”法则

那我们要如何才能知道做什么呢？这里有一个非常重要的法则，叫作“1-2-3”法则。

“1-2-3”法则就是用三个步骤，让我们知道要去做什么：

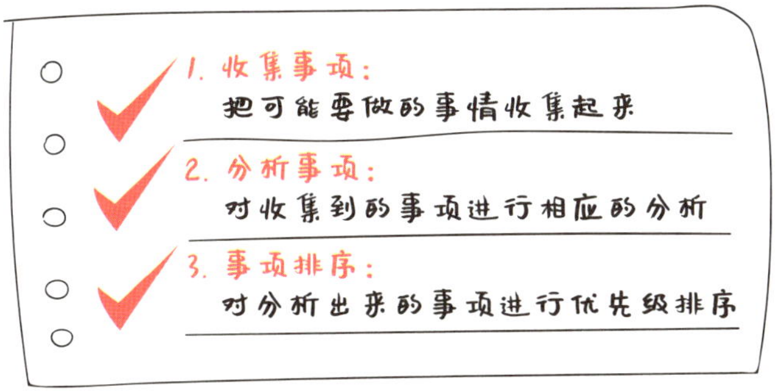

步骤 1：收集事项

收集事项需要做什么？顾名思义，就是把要做的事情收集起来，并记录成为待办事项。

待办事项，指的就是要去办但还没办的事情。在英文中，它有一个对应的名词叫作 todo，趣味音译就是“土豆”。

在收集事项这一步中，有三个非常重要的要点：

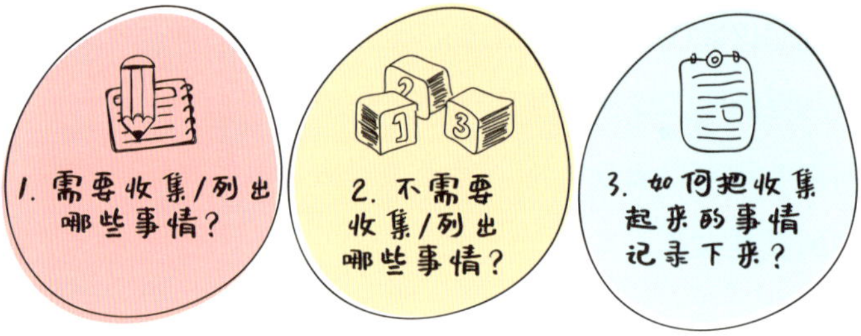

1. 需要收集 / 列出哪些事情？

需要列出的事情有两类：

第一类，很重要和有价值的事。比如，你明天有一个重要的文件要写，那这个事就要列出来。

第二类，你关注的事情。有些事情可能一下想不明白重不重要，但是你会关注这个事情。比如，你明天要陪女儿去参加一个活动，如果这个事情你关注，那么就把它列出来。

2. 不需要收集 / 列出哪些事情？

不重要或是不需要关注的事情，是不需要列出来的，即使列出来以后也要排除掉。这里包括两类常见的事情：

第一类，已经形成了惯例的事情。打个比方，你已经习惯了每天早上去跑步，这个事情已经成为惯例了，你还需要列出来吗？列出来有点多此一举的感觉。

很多小伙伴会有些纠结。我每天早上 7 点起来要跑步 1 个小时，这件事的确很重要，要不要列？答案很简单，如果这个事情已经养成了习惯，你不需要刻意关注，那就不用列；但如果你还是在坚持养成习惯的过程中，你需要关注，那就列出来。

第二类，日常琐碎的事情。比如你每天都得吃饭、喝水、睡觉，这些事情虽然很重要，但是没有列出来的必要。

3. 如何把收集起来的事情记录下来？

首先要强调的是，一定要把所有列出来的事情写下来。

有句老话说得好："好记性不如烂笔头。"不管你的记性有多好，靠脑袋记的事情就会容易忘。一定要把这些事情写下来，然后时不时地去看一眼，这样才能保证记住。

写下来，就需要相应的工具。惯常的工具一般是两种：电子工具和纸质工具。电子工具可以是电脑或者手机中的 word、记事本等工具，或者是云笔记；而纸质工具就是准备一个小本子，然后把你的待办事项列在本子上。那么哪种方法更赞？

两种方法各有优劣，大叔更倾向于用第一种。

电子工具的优点是高效。所有列出的待办事项，都可以很方便地进行修改和查看；如果使用云笔记之类的软件，在电脑上写了以后，还可以到手机上查看。

纸质工具的优点是符合习惯。我们已经习惯于把东西写在纸上，因此把待办事项写在小本子上更符合我们的习惯，也更亲切。

下面给大家解析一个实际案例，这个案例将会贯穿本章。

案例：波波羊大叔要做自己的明日待办事宜

那我们如何来实现“收集事项”呢？可以按两步来走：

1. 尽可能思考，把明天可能要做的事情都列出来。

1. 写公司某文件
2. 下午3点合作伙伴会议
3. 写课件
4. 每日运动（早上7点30分—8点30分跑步）
5. 每日读资讯
6. 晚上与家人聚餐
7. 远程沟通应聘人员
8. 下午某行业聚会
9. 上午10点和女儿参加公益活动
10. 每日读书
11. 家里采日用品

大叔一共列出了 11 项事情：

工作的事情共 5 项：写公司的某个文件，远程沟通前来应聘的人员，下午 3 点合作伙伴要开会，下午还有一个行业的聚会，写重要的课件。

生活的事情共 6 项：明天上午 10 点女儿有一个公益活动，女儿很希望我去；每天早上 7 点半我要运动；每天我需要花一些时间读资讯、读书；晚上我有一个家人聚餐。最后，老婆交代了一个很重要的任务，买家里的日用品。

2. 画掉其中不应该列入的事情，得到明日待办事项。

让我们想一想，什么样的事情是要排除掉的？比如已经形成惯例和日常琐碎的事情。因此我们应该排除每日运动、每日读资讯和每日读书，因为这些事情已经形成了惯例。

画掉无须列入的事情后，大叔就得到了明天的待办事项。

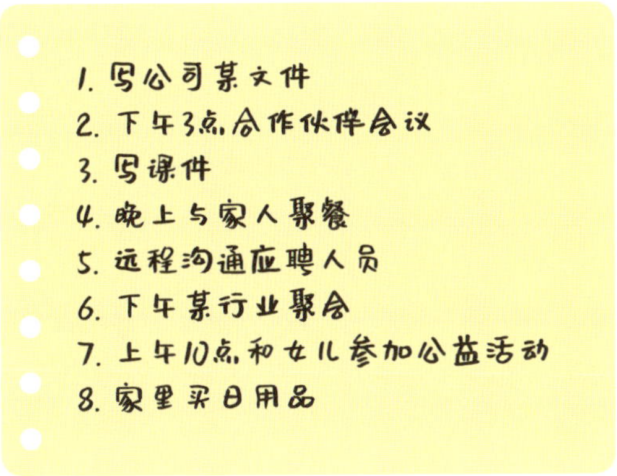

步骤 2：分析事项

在上一个步骤中，我们列出了待办事项。但是，我们面临这样一个问题：我们应该先做哪些？后做哪些呢？

因此，我们必须要对待办事项进行具体分析。分析包括以下两步：

首先我们要确定事情的轻重缓急。哪些事情重要一些，哪些事情没那么重要；哪些事情急着要去做，哪些事情可以缓一缓。

然后我们要确定事情的执行策略。根据事情的轻重缓急，我们将会采用不同的执行策略。

1. 确定事情的轻重缓急

这个时候，我们要讲到一个非常重要的工具——四象限法则，或者叫“艾森豪威尔矩阵”。

话说，艾森豪威尔是美国第 34 任总统。作为总统，事情非常多，怎么办？于是他发明了这个法则来区分事情的轻重缓急。

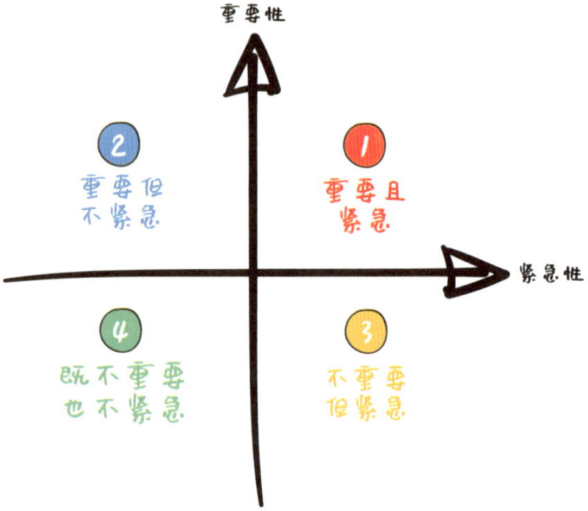

四象限法则，就是根据事项的重要性和紧急性来划分各种事情。X 轴代表紧急性，Y 轴代表重要性，这样就分成了四个不同的象限，每个象限中放置不同的事情。

- 第一象限，是既重要又紧急的事情，我们要马上处理；
- 第二象限，是重要的事情，但是没有那么紧急；
- 第三象限，是不太重要的事情，但是比较紧急；

●第四象限，是既不重要也不紧急的事情。

现在继续之前的案例，把大叔的待办事项放入四个象限：

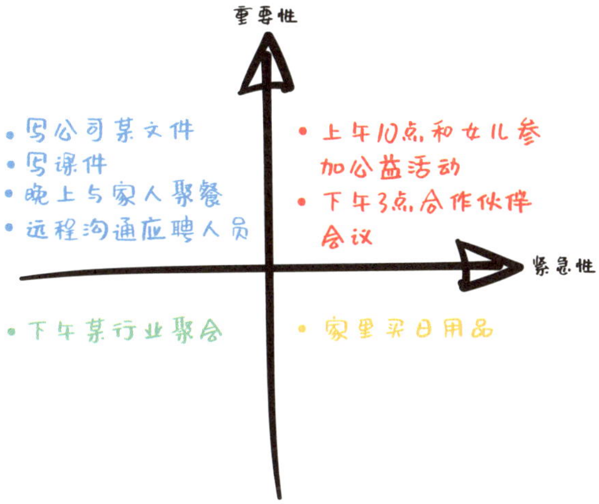

第一象限事宜（既重要又紧急）：

上午 10 点和女儿参加公益活动：很重要，不去以后没法和女儿做朋友了；一早就要参加，很紧急。

下午 3 点合作伙伴会议：已经定好的事情，必须参加；需要提前做准备，所以有点紧急。

第二象限事宜（重要但不紧急）：

写公司某文件、远程沟通应聘人员、写课件和晚上与家人聚餐，都很重要，但是时间上并不那么紧急。

第三象限事宜（不重要但紧急）：

家里买日用品，老婆布置的任务，有点急，但不那么重要。

第四象限事宜（不重要也不紧急）：

下午某行业聚会，内容一般般，可以考虑不参加。

2. 确定事项的执行策略

使用四象限法则之后，我们可以很清楚地了解到每项事情的重要程度和紧急程度，这样我们就可以采取相应的执行策略了。

对于这四个象限里的事项，我们应该采用对应的执行策略：

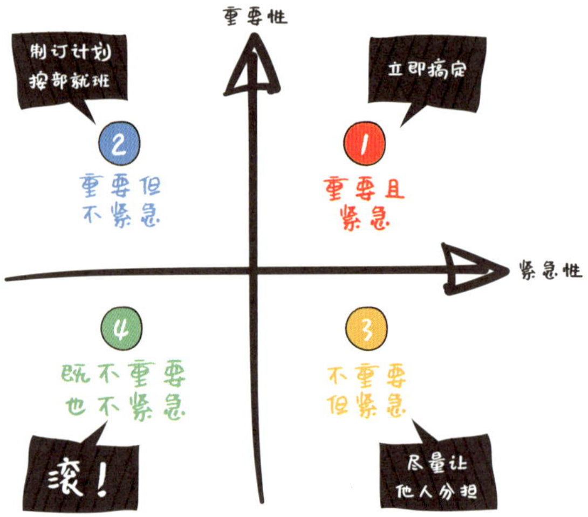

第一象限里是既重要又紧急的事情。这类事情无须过多思考，策略就是立刻搞定它。

第二象限里是重要但不紧急的事情。这类事情我们不应该匆匆忙忙去做，磨刀不误砍柴工，我们应该认真思考，制订计划，按部就班地去做，效果才会更好。

第三象限里是不重要但紧急的事情。这类事情做得好一点差一点区别并不大，要想办法让别人来分担。我们不要全部利用自己的时间，要学会利用别人的时间，这是时间管理的重要技巧之一。

第四象限里，既不重要也不紧急的事情怎么应对？这类事情的策略就是一个字：滚！这类事情对我们几乎没有任何价值，只会白白浪费我们的时间。

总结一下：第一象限立刻去搞定，第二象限按部就班去做，第三象限尽量让他人分担，第四象限坚决不做。

这里需要强调一个非常重要的事情，就是要优先解决第二象限里的事项，而不是等到这些事项从第二象限转换到第一象限里。

如果第二象限事项都变成了第一象限事项，这意味着什么？意味着我们的时间已经不够了，只能仓促去做，效果就会大打折扣。

因此，我们一定要提前计划第二象限的事项，尽量把它提前解决掉。越少的事项出现在第一象限，时间的运用余地就会越大。

让我们继续之前的案例，看看大叔的执行策略。

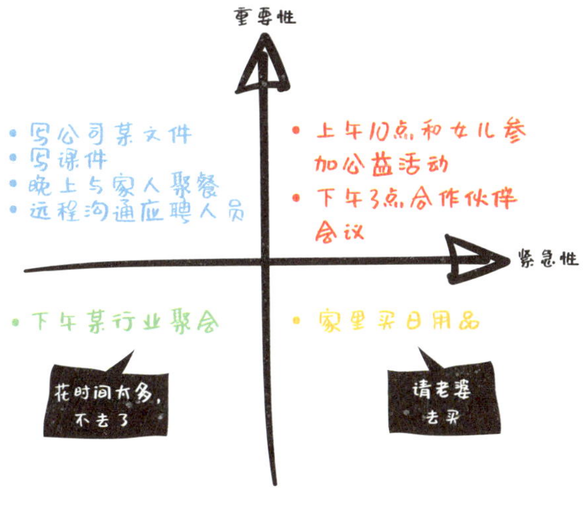

第四象限的事项首先要扔掉。下午某个行业的聚会，不去也罢，以后有机会再去，扔掉。

第三象限的事项尽量找人分担。家里买日用品这件事情，给老婆发个红包，请老婆大人帮忙买一下，就完美解决啦！

至此，分析事项就做完了。我们最后一共只剩下 6 件事了，是不是更加清晰了呢？

步骤 3：事项排序

待办事项确定了，但是我们要按照什么顺序来做呢？这时我们要进行第三个步骤“事项排序”，理清事情的执行顺序。

事项排序分为两步：事项分类和分类排序。

1. 事项分类：用 ABC 分类法进行分类

我们把事情简单分为 ABC 三类：

A 类是最重要的事情。这些事情原则上必须要完成。

B 类是比较重要的事情。这些事情应该尽量去完成，但如果因为时间不足，最后没有完成也可以接受。

C 类是不太重要的事情。只有当 A 类和 B 类事情做完了还有时间时，才考虑去做 C 类的事情。

大家也许有疑惑了，ABC 分类法和四象限法则都是事项的分类方法，应该用哪种方法呢？

其实，两者用途不同。ABC 分类法适合于时间很短（最常见是 1 天）的情况，用起来很直观和容易理解；四象限法则适合于时间较长（比如 1 周）的情况，时间越长则使用效果越好。

2. 事项排序

分好类后，我们对每类事项进行排序就好了。在每一个分类中，排序的规则都是：先紧急、后重要。排序之后，我们就获得了最终的待办事项列表。

让我们再次回到案例：波波羊大叔的明日待办事项。在第二个步骤后，我们有 6 件事，先按第一象限（标注为①）和第二象限（标注为②）进行标注。

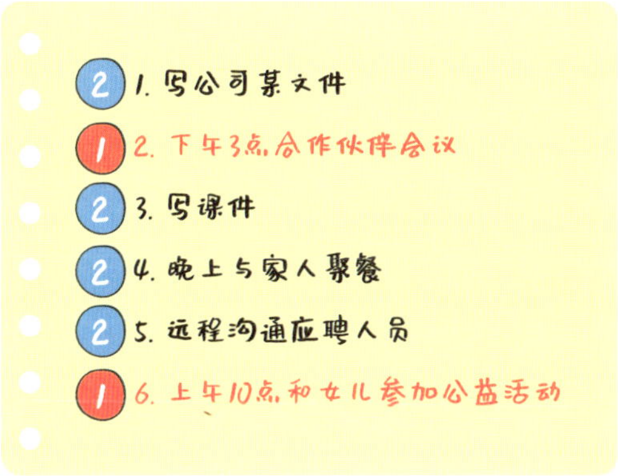

首先，我们开始进行 ABC 分类：第一象限的事情肯定是 A 类事情，不用想；第二象限要具体分析，必须搞定的列入 A 类，其他的计入 B 类或 C 类。

具体分析一下第二象限的事项：

- 晚上与家人聚餐：已经明确参加，不能“放鸽子”，放入 A 类；
- 远程沟通应聘人员：实在不行缓一缓，放入 B 类；
- 写课件：大叔快要讲课了，但还没那么急，放入 B 类；
- 写公司某文件：不那么重要可以后推，放入 C 类。

●分完 ABC 三类以后，明天的待办事项就变成这样了：

然后，我们按照先紧急、后重要进行分类排序，再汇总。

● A 类事项的顺序：上午 10 点和女儿参加公益活动、下午 3 点合作伙伴会议、晚上与家人的聚餐。

● B 类事项的顺序：写课件、远程沟通应聘人员（紧急程度差不多，按照重要程度排序）。

● C 类事项：只有一项，无须排序。

因此，我们最后得到的待办事项列表就是这样：

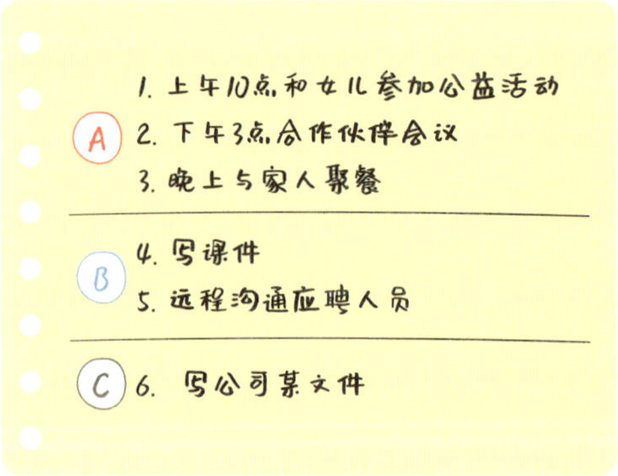

这里注意一个小技巧：在事项的前面加上一个编号。这样的好处是你一眼就能看清楚一共有几件事情，在执行时按照从小到大的编号顺序来做就好了。

2.3 待办事项的深入理解

通过上面的学习，我们已经掌握了如何使用日待办事项列表，从而弄清楚明天要做什么。但是，我们只关心明天的事情吗？我们要如何去安排一周乃至更长时间里的事情？

因此，我们需要更加深入地理解待办事项。

1. 待办事项的核心作用

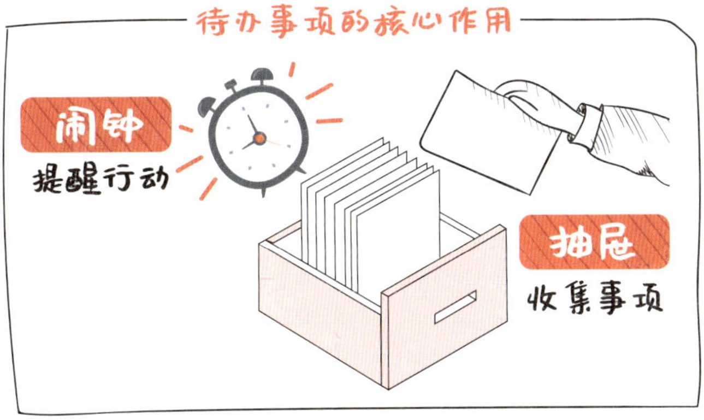

待办事项的第一个核心作用是“抽屉”。

待办事项就如同抽屉一样，我们可以把要做的事情都装到抽屉里，而要找的时候到抽屉里去找就好了。

我们的大脑有个特点，对于时间跨度稍微长一点的事情经常会忘记。因为大脑有个遗忘机制，现在记住一件事，但是一段时间不做也不回忆，这个事情很快就会被忘记。

所以，我们要把那些要做的重要事情都装到抽屉里。当大脑记不住的时候，我们可以把抽屉打开来仔细翻一遍，这样就基本不会遗漏要做的重要事情了。

待办事项的第二个核心作用是“闹钟”。

什么时候做重要的事？光靠大脑的提醒是不够的，因为它经常会受到各种事情的干扰。

用待办事项给要做的事情装一个闹钟，来定期提醒我们一下。每天制作待办事项、定期检查待办事项，都会反复提醒我们的大脑，让我们能够及时执行要做的事情。

2. 用三类待办事项管好三类事

让我们来想一想，我们所有要做的事是不是就这三类？

第一类是马上要做的事。比如，你烧了一壶水，水一开你是不是得马上去把火关了。这种事情在我们的大脑中是最关注的，一般来讲不容易忘。

第二类是近期要做的事。这个“近期”一般指一天以上、一周以内，比如说你后天要做一件事。这个时候，我们的大脑就开始不好使了，如果不反复提醒，很可能就会忘了。

第三类是长期要做的事。超过一周以上的事，可以认为是长期要做的事。这个时候，我们的大脑更加健忘了，大脑会想“这么远的事情不着急”，而随着时间过去就真的忘了。

那这三类事情应该怎么管理呢？其实很简单，用三类待办事项管理三类事就好了。这三类待办事项，分别是日待办事项、周待办事项和长期待办事项。

如何用三类待办事项管理三类事呢？具体分为三步：

第一步，我们要用三类列表去记存不同的事情。

三类待办事项对应的事项列表，可简称为日列表、周列表、长期列表。日列表，记存当天要做的事情；周列表，记存一个星期以内的事情；长期列表，记存超过一个星期的事情。

记存好事项后，我们就有了日、周、长期三个抽屉。

第二步，给三个抽屉里各放一个闹钟，分别进行提醒。

日列表抽屉的闹钟，要提醒我们什么？它提醒我们要现在立刻去执行。事情已经在眼皮子底下了，我们不能再等了，必须赶快做。所以闹钟的作用是提醒执行。

那周列表抽屉里的闹钟，要提醒我们什么？它提醒我们要去安排计划。虽然做这些事情还有时间，但是我们要相应地做一个安排计划，然后按照计划去逐步执行。

而长期列表抽屉里的闹钟呢？它提醒我们的是关注。我们要让自己还记得有这么一件要办的事情，而不是过了一个星期以后，我们已经忘记了自己要做什么。

提醒执行、提醒安排、提醒关注，这就是日列表、周列表、长期列表三个闹钟起到的作用。

第三步，我们需要定期审视三个抽屉里的内容。

我们把事情已经装入三个抽屉里了，以后就要定期去审视。如果只是放在抽屉里而长期不去看，那也许装进去的事情都发霉了，我们还是没去做。那我们需要审视什么呢？

第一，有哪些事情应该要去做了。对于要做的事情，要么就立刻去做，要么就安排相应的时间。

第二，待办事项之间是否需要转换。

日列表和周列表之间的事情会经常转换。你今天本来有个事情，但是由于时间不够没做或者可以缓一缓，于是你就把这个事情写入周列表中；而周列表中的某个事情，审视时觉得现在就该做了，于是就把它写入日列表中。

同时，周列表和长期列表之间的事情也会经常转换。本周安排的事情做不了，自然就会放到长期列表中；而长期列表中计划到本周要做的事情，也会放入周列表中。

第三，有没有不再需要关注的事情。

什么是不再需要关注的事情？第一类就是那些已经完成的事情，完成了就不再需要关注；第二类就是制定时觉得挺好，但后来感觉没有必要再去做的事情。

不再需要关注的事情如果没有及时处理，就会产生问题：待办事项列表会越变越长，最后变成我们自己的一个包袱。因此，对于不再需要关注的事情，发现后就要立刻清理掉，这样我们才能对要做的事情保持清楚的认识。

另一个问题，我们要多久审视一次呢？

日列表，建议一天至少审视三次。早上上班、中午、晚上各审视一次。大叔喜欢每完成一件事情后就审视一次，顺手把已经完成的事情删掉或做一个标记。

周列表，建议至少每两天要审视一次。在审视的时候，你就可以来做日列表和周列表之间的事情转换和事项清理。

长期列表，建议至少一周要审视一次。在审视的时候，你就可以来做周列表和长期列表之间的事情转换和事项清理。

3. 三类列表的实用技巧

三类列表在实际使用时，有两个很重要的技巧：

第一，把日列表和周列表写在同一页中，长期列表写成另外单独一页。

这样做的好处是什么？因为日列表和周列表的关联度是很大的，那么当你制定日列表的时候，就可以很容易地看到周列表，这样事情就不会安排错。同时，你要做日列表和周列表中的事情转换，会变得非常的容易。

而长期列表的事情你并不需要经常来看，所以写入单独一页中就不会引起思维上的混乱。

因此，三类列表写成两页是最合适的。

第二，随时把新念头记录到长期列表中。

我们经常会灵机一动，想到一些新的点子。比如说大叔就经常会在跑步、读书时想到一个非常好的点子，而这个点子不立刻记下来，说不定一个小时后就忘记了，这怎么办？

首先，我们不能让这个新点子干扰自己现在做的事，一旦被干扰工作效率就直接降低了。

然后，我们要尽快把这个新点子加入长期列表中。我们可以在长期列表中加入一个标签叫“脑洞”，专门用来记录这些临时产生的想法。当日后做长期列表审视的时候，我们再去进一步思考和判断是否要实施这些新点子。

2.4 常见问题解答

一般做什么事情，学的时候看似容易，但做起来会产生各种问题。现在让我们来解答一些最常见的问题。

问题：我每天有一大堆重要的事项安排不过来

解答：要解决这个问题，对策就是“事项分类排序”和“做减法”。每天都有一大堆必须完成的事情，这种情况一般很少发生。其实，我们只要聚焦于那些最紧急或最重要的事情就好，而对于其他的事情做好后续安排就好。

首先使用 ABC 分类法或者四象限法则，对现在要处理的事情进行分类和排序；

然后，我们关注 A 类事项列表中的前三件事就好了，其他的事情一律做减法，进行延迟或取消。

请牢记：每天能够完成一两件最有价值的事情，远远比泛泛地去做一大堆事情更有成效。

问题：待办事项我安排得挺好，但却发现经常做不完

解答：出现这个问题的原因，是我们容易高估自己的能力。在写待办事项的时候，我们总想多写点事情，而结果是待办事项写得很充实，但是却做不完。

解决这个问题的方法，就是进行时间预估。

在待办事项中写入事情的时候，我们可以预估事情要花费的时间，比如这个事情需要 1 小时，那么我们就按照 1.5 小时来进行预估，这样才能保持弹性。

写完待办事项后，我们把所有 A 类事情的时间全部加起来，如果这个时间和超过了你设想的总体时间（比如 8 小时），这就意味着事情多了，需要果断做减法。

问题：如何快速判断日待办事项安排得是否合理？

解答：合理的日待办事项安排要满足两个条件：

第一个就是事项的数量不宜太多，也不宜太少。

一般来说，每天的 A 类事项大致是 3 件，B 类事项大致是 3~5 件。根据经验，这样的安排往往刚刚好；如果不放心，可以用前面讲的时间预估法进行估计。

第二个就是事项的完成结果会比较理想。

在没有特殊情况下，一天的 A 类事情会全部做完，而 B 类事情也能完成大多数。这样的一天就过得很充实，而结果又很理想。

问题：如何判断一件事是 ABC 分类法中的哪一类事项？

解答：我们可以通过以下两个问题进行思考：

先问第一个问题：这件事是不是一定要去做，要尽最大可能去完成？

如果答案是 yes，这件事就肯定是 A 类。

再问第二个问题：这件事重要吗，如果有时间我就要去做？

如果答案是 yes，这件事就是 B 类，否则就是 C 类。

问题：根据列表顺序，应该做某件事了，但却突然不想做了

解答：人的情绪是波动的，出现这种情况很常见。这个时候，勉强自己是无效的，我们可以按以下步骤进行：

首先，问自己实际原因是什么？心情不好、状态不好还是因为想要拖延？如果是拖延，可以使用后面“抗击拖延症”一章中的相应方法去解决。

然后，仔细审视自己的列表，从中选择另一个想办的待办事项。在经过适当的休息后，开始做这个新选择的事项。

这个方法不但照顾了自己的情绪，也节约了大量的时间。

问题：经常遇到突发事项，导致待办事项做不完

解答：碰到这种情况，你要做三个思考：

第一个思考：为什么会经常遇到突发事项？是因为工作的特殊性质造成，还是因为自己不会拒绝，又或是因为其他原因？

第二个思考：有没有办法来避免突发事项的发生？一个简单的避免方法就是，只允许在某个时间段接收突发事项，而在其他时间段则不予接收。

第三个思考：发生突发事项时，能否延后处理？很多突发事项其实并不紧急，可以先放一放，到后续某个时间再处理。

突发事项其实就是一种典型的干扰，建议大家仔细查看“提升工作效率”一章中抗击干扰的相关内容。

问题：待办事项越积越多怎么办？

解答：当待办事项已经比较多时，要注意两件事：

第一，不轻易增加事项。

你的事项列表内容已经很多了，所以不要再轻易地去增加。当你想到了一件要做的新事情时，请一定先打住增加的欲望，查阅一遍已有的待办事项列表，然后思考，这个事情确实很重要吗？如果没有那么重要，就不要写进去。

第二，定期清理不做的事情。

如果某个事情在待办事项列表上放了很久你还没做，那就说明这个事情其实并不那么重要。换个角度想，如果这个事情真的很重要，你会一直不做吗？因此，你完全可以把这些事情彻底从待办事项中删除掉，这样会让自己倍感轻松。

问题：我每天做的都是惯例的事情，该如何使用待办事项呢？

解答：确实有很多人做的是比较固定的工作，比如在公司做前台，或者在零售店面卖东西。其中已经成为惯例的事情，我们确实不需要列入待办事项。

但是再想一想，真的就没有重要的事情了吗？假设你是公司的前台，也会有重要的事情，比如第二天有一个重要的文件要寄出，或是有一个重要的客户要来访需要提前准备。这类事情就要记到待办事项列表中。同时，你个人也会有重要的事情要办，比如今天要读书、要去健身等。

因此，惯例的事情我们无须记录，但是对于那些重要的事情，我们一定要用待办事项进行管理。

问题：我每天比较清闲，没有多少事情要放入待办事项

解答：首先要意识到，如果一直很清闲，并不是一件好事。如果你是在工作，说明老板很可能要炒掉你了，因为企业不会养闲人；如果你尚未工作，说明自己很可能在不断退化。

所以我们需要认真思考，用这些空余时间可以去做哪些有价值的事。也许你可以去找老板主动争取一些工作，或者你可以去进一步充电让自己学到一些新东西。

待办事项列表时刻提醒我们：如果列表很空，就快去找些有价值的事情来填充。

落地行动指南

1. 每天上班第一件事，花 5 分钟做当日的待办事项列表。

2. 每完成一件事，打开待办事项列表，将相应的事项标记为“已完成”，并选择下一项要做的事。

3. 每天下班前，对当日的待办事项做回顾和总结。

4. 尽量做到今日 A 类事项今日毕，实在不能完成则一定要分析原因和总结经验。

5. 每个周末，花 15 分钟做下周的待办事项列表，并做本周的回顾和总结。

03

明确事项目标

我们都知道目标很重要

但只有少数人真正理解目标

3.1 目标的重要性

讲到目标，估计大家都知道目标很重要，但是多数人只停留在嘴上说说而已，并没有在行动上真正重视目标。这也就是为什么很多人时间管理很差的一个重要原因。

先来思考一个重要的问题，为什么需要目标呢？

首先，有目标才有行进的方向。

打个简单的比方，你现在要出门去旅行，但是你都不清楚你要去哪里，北京、西藏还是广州？如果连目的地都没有，那如何制定旅行路线？没有目的地的旅行肯定是不靠谱的，就如同没有目标的行动一样。

其次，有目标才能指引行动。

个人成长，需要有成长目标；公司经营，需要有经营目标；国家发展，需要有国家目标。比如我们要实现中国梦，那对应的目标是什么？到2020年全面建成小康社会；到本世纪中叶把我国建成富强民主文明和谐美丽的社会主义现代化强国。有了这样一个明确的目标，才能指引我们的行动。

最后，有目标能给我们带来巨大的力量。

让我们来看一个经典案例，叫《致加西亚的信》。话说在美西战争爆发以后，当时的美国总统有一封重要的信，要送给抵抗组织的领导人——加西亚。

但是怎么才能找到加西亚呢？没有电话联系，也找不到他的工作地点。有人对总统说："如果要找到加西亚将军，只可能是一个人，他叫罗文。"

于是总统找到了罗文，要他尽快找到加西亚将军，并把这封信交给他。罗文付出了大量的艰辛和努力，徒步穿过一个危机四伏的国家，最后达成了送信的目标。

有目标很好很强大，没有目标就会很糟糕。

是不是有很多人高喊着要读书，结果一年到头没读几本；也有很多人说要去减肥，减了半天却没有效果；还有的人说要"脱单"，但是很长时间了也没有动静。

普遍存在的问题是什么？是因为我们往往只有想法，但并没有为这个想法去制定一个真正可实现的目标。

3.2 明确目标的法则

做好时间管理这件事，我们就必须要去明确目标。那么，什么是明确的目标呢？

一个明确的目标，必须满足 SMART 法则。

smart 是什么意思呢？是聪明的意思。你要去明确目标，就一定要变聪明，所以就叫 SMART 法则。

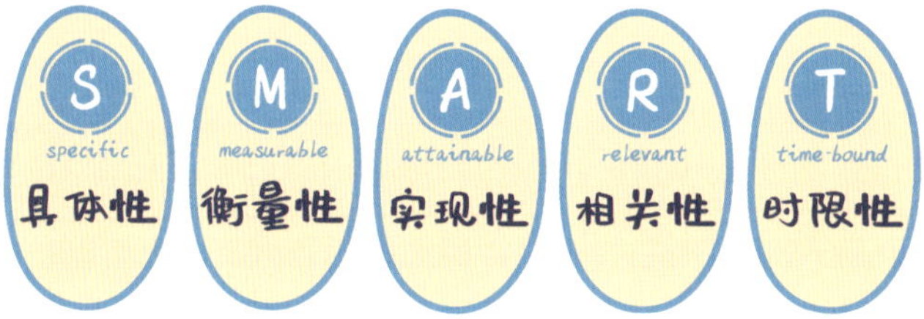

SMART法则就是五个英文单词的首字母缩写：

- S——具体性，代表目标要具体。
- M——衡量性，代表目标要可以衡量。
- A——实现性，代表目标可以实现。
- R——相关性，代表目标有相关的要素要考虑。
- T——时限性，代表目标要有时间的约束。

下面我们要用一个案例来解析SMART法则。

案例：我要好好读书

S：具体性

“我要好好读书”，具体还是不具体呢？仔细想一下，要读什么书？准备读多少？花多少时间？对于这些具体的问题，“我要好好读书”解决了吗？肯定是没有的。

因此，这个目标太不具体了。而不具体的目标就一定不是明确的目标。

M：衡量性

目标要可以衡量，我们怎么来理解呢？

当我们衡量一件事情的时候，会有四个很重要的方面：

第一个方面叫作范围。做一件事，究竟要做什么，需要产出什么样的成果，这就是范围。

第二个方面叫作时间。做一件事，不可能无限制花费时间。在时间上会有两个重要的限制：一个叫耗时，表示做这件事要花多少时间。读这本书，需要花多少时间？而另一个叫截止期。你读这本书，什么时间前要读完？

第三个方面叫作质量。读一本书，你不能只是随便翻一翻，而是要有一定的读书质量。这个质量需要用相应的评价、满意度或是其他来进行衡量。

第四个方面叫作成本。干很多事情，都需要花钱、花资源、投入人力，所有这些花费与投入都是成本。

范围、时间、质量、成本对应的四个英文单词首字母分别是 S（scope）、T（time）、Q（quanlity）、C（cost），因此衡量方法就叫作 STQC 法。

STQC 法源自项目管理，我们可以用一张图来进行表示。

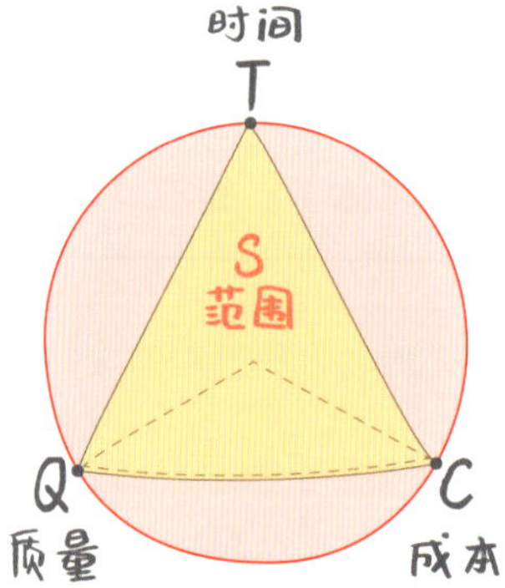

可以看到，T、Q、C 代表三个顶点，而三个顶点构成的三角形就代表 S。简单理解，范围 S 必须满足 T、Q、C 的要求。如果做一件事投入的时间越多、成本越高或者要求的质量越高，那就意味着这件事对应的范围越大，反之亦然。

那么，我们要如何使用 STQC 法进行具体衡量呢？

用数字，用数字把描述性的语言变成具体的数据。让我们比较一下：“花 1 个小时”和“花很多时间”哪个具体？“最多花费 100 元钱”和“尽量少花钱”哪个清晰？

让我们回到案例，用 STQC 法 + 数字来进行衡量：

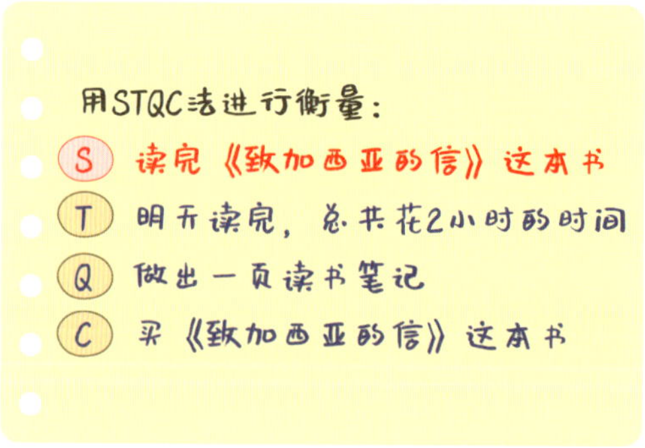

再看一下，这个目标是否衡量清楚了？的确，很清晰。

于是，“我要好好读书”的目标，就可以用非常清楚的一句话来说明：

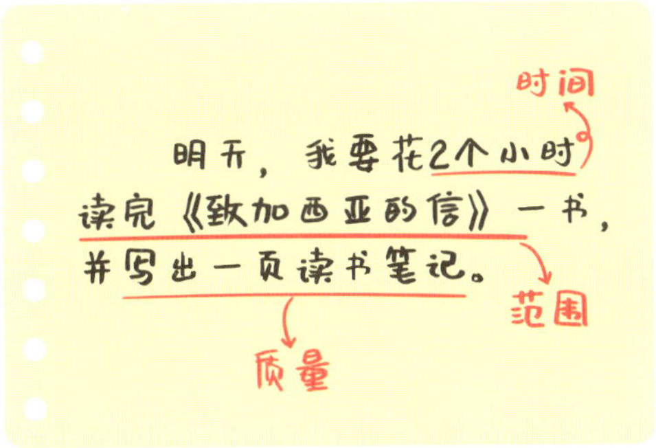

A：实现性

实现性，意味着目标一定要可以实现。

看一个非常流行的“段子”。

著名企业家王健林说的这个话为什么成了一个“段子”？因为对普通人来讲，一辈子甚至十辈子，一个亿可能都挣不着。这个小目标对普通人来讲，实际上是一个很难实现的大目标。

目标如果不能实现，就没有任何价值。

如果你有一个很宏大的目标，那你要把这个宏大的目标变为可以真正实现的小目标。我们更加关注的，是这些近期的、可以实现的小目标。

R：相关性

相关性，意味着制定目标时要考虑相关的要素。

目标的相关要素包括以下三类常见要求：

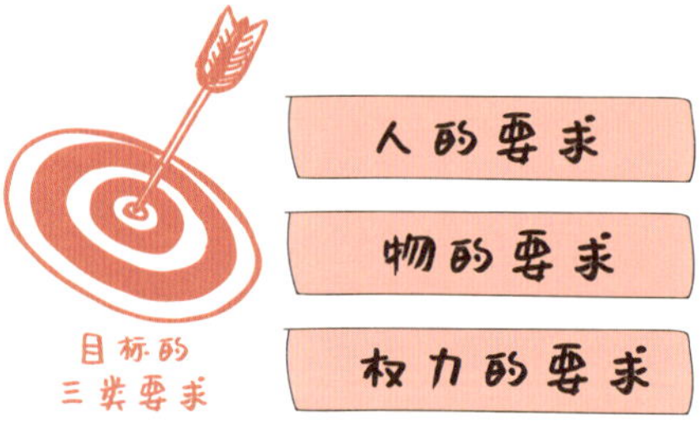

第一个是人的要求。很多事情没有足够的人员支持，要实现这个目标就会变得很难。事情都是靠人做出来的，所以人的要求是要考虑的第一相关要素。

第二个是物的要求。很多事情没有物料你干不成，比如你要读一本书，如果连书都没有，那么怎么读？所以在定义目标时，必须考虑需要哪些必备的物品。

第三个很容易被忽略，是权力的要求。比如你在组织中要干一件事情，需要调动他人，但你却没有调动人的权力怎么办？为什么很多大公司的执行力非常低，就是因为权力分散，没有人说了算。这种毛病就俗称“大企业病”。

回到《致加西亚的信》这个案例，如果你是被美国总统叫来的送信人，你会向总统提出什么要求？

首先关于人。要不要有人配合？要不要有当地的联络人？其次关于物。要不要用飞机把你降落在目的地？要不要配备联络的工具等？最后关于权力。关于这个行动，要有怎样的决策权？有了这些，你才可能把信送给加西亚。

T：时限性

时限性，意味着任何一个目标必须有时间的限制。在之前讲衡量性的时候，我们提到过两个重要的时间限制。

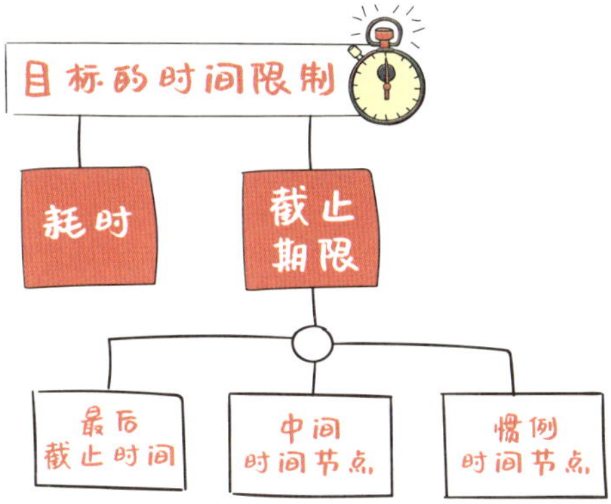

第一个叫耗时。做这个工作，你需要多长时间？读完一本书，你需要多长时间？这个叫耗时，很容易理解。

第二个叫截止期限。截止期限有三种，要讲得细一点。

第一种最常见的，叫作最后截止时间。

在很多电视剧里经常会有这样的台词：这件事的最后期限是什

么时候，没完成就人头落地。最后截止时间的作用，是用来控制事情的执行结果。

仔细想想，如果不控制中间的过程，我们能保证到最后截止时间时，把这个事情干完吗？很难。

因此，第二种截止期限叫作中间时间节点。

中间时间节点的作用，是用来控制事情的执行进程。重视执行的人都知道，没有过程就不可能有结果。

而第三种叫作惯例时间节点。

有很多事情，已经形成了一个惯例。比如，我有一个惯例，每周末要提交下周的工作计划。这个惯例很好，但是这件事的时限是否明确呢？不明确。

于是我进行了一个改动，改动后变为“每周五下班前我要提交下周的工作计划”。比较一下，是不是更明确了？这就是利用惯例时间节点，明确重要惯例事项的时限性。

3.3 如何制定明确的目标

理解了SMART法则，那么我们如何才能制定出一个明确的目标呢？

制定明确目标的方法，叫作“量化—分解—检查”。

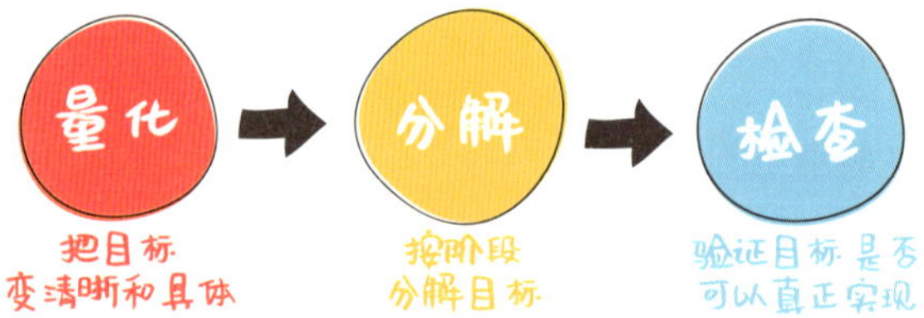

第一步叫作量化。

量化，就是要把目标变得清晰和具体。比如对“好好考试”这个事进行量化，目标可以设定为“考 100 分”或者“考全班第一名”。是不是就更清晰、更具体？这就是量化。

那我们怎么去量化呢？此时就可以用到前面讲过的 STQC 法。

考量 S（范围）、T（时间）、Q（质量）和 C（成本）这四个要素，只要这四个要素都看起来清晰具体，那么目标就一定得到了极大程度的量化。

第二步叫作分解。

对于一个较大的目标，光量化是不够的。因为目标比较大，所以短期内无法实现。就像你今天还在读七年级，但你的目标是要上清华、北大，那这个目标该如何去实现呢？

因此，我们需要“分解”，把大目标变成一步步可落地的小目标。

分解需要一个前提，就是要先明确大目标。需要注意，对于时间跨度较大的事情，大目标很难做到特别清晰，比较合理的方式是先定义一个基本的大目标就好。比如你的目标是将来要读清华、北大，不如定义为将来要读一个好大学。

有了大目标后，我们就可以做分解了。这时会有两种情况：

第一种情况，你对这个事情比较熟悉，有一定的经验或者可以从别人那里获得相应的经验。这种情况下分解比较简单，你可以直接定义实现目标的各个小阶段，然后再定义每个阶段的小目标。

第二种情况，你对这个事情不太熟悉，无法获得相应的经验。这时就要采用一个务实的态度，先不要去想以后的路，因为你写的那些后续阶段都是不靠谱的。你只需要干一件事，就是把你的第一步确定下来。实现了第一步，才能有后续的第二步、第三步，才可能实现未来的大目标。

因此分解的方法就是两种 ：一是针对熟悉的事情，直接分解为小阶段和小目标；二是对于不熟悉的事情，我们只需要确定第一步就可以了。

第三步叫作检查。

分解完毕后，我们一定要做检查。检查，就是验证目标是否可以真正实现，不能实现的目标就是假目标。

如何检查目标能否实现呢？有两个重要的判断条件。

第一个判断条件叫作“是否有弹性”。

什么叫作弹性？定义一个目标的时候，虽然想得很好，但却往往会因为各种情况而不能 100% 达成。就像考试，你期望自己能考 100 分，但如果考到 90 分其实也很不错了。

因此，我们要设定两个目标：第一个是计划目标，或者说是理想情况下的目标。第二个叫保底目标，它代表你必须要完成的目标。保底目标和计划目标之间，必须要有足够的差异，或者叫弹性。如果弹性不足，就会产生各种问题。

第二个判断条件叫作“是否有支持”。

如果做一件事情，没有人、物、权力等关键资源的支持，那这个目标只是水中花镜中月，摆看的而已。没有关键资源的支持，这个目标就不可能实现。

所以检查，就是看这两个判断条件是否满足，是否有足够的弹性以及是否有必需的支持。

3.4 制定明确目标的案例讲解

现在，我们把量化、分解、检查这三步串联起来，用一个案例来进行实操解析。

案例：尽快参加波波羊大叔的“30天时间管理训练营”，从而进一步学好时间管理

那怎样才能让这个目标变得清晰和明确呢？

第一步：量化。

让我们用STQC四要素进行量化。

要素	量化前	量化后
S	参加训练营	先自学，再参加下个月的训练营
T	尽快	总体2个月
Q		完成训练营的学习任务并毕业
C		报名学习时间管理课程

量化后的目标变为：报名学习时间管理课程，用2个月的时间，

先自学再参加训练营，完成训练营的学习任务并毕业。

第二步：分解。

2 个月的学习可分解为两个阶段，第一个阶段为自学 1 个月，第二个阶段为参加 30 天的训练营。对于这两个阶段，为了保障执行的效果，我们需要进一步分解和制定目标。

先看第一个阶段，我们如何继续分解呢？时间管理课程共有 12 章，那我们可以按照 4 个星期、每个星期自学 3 章的节奏，这样 4 个星期下来就完成了所有 12 章的自学。

那第二个阶段能否分解呢？不行。因为我们对于参加训练营后具体要做什么并不清楚，所以没有办法进行分解。我们只需要按时参加、跟上进度、完成学习并保证毕业就好了。

经过两个阶段的分解后，整个事情变为：

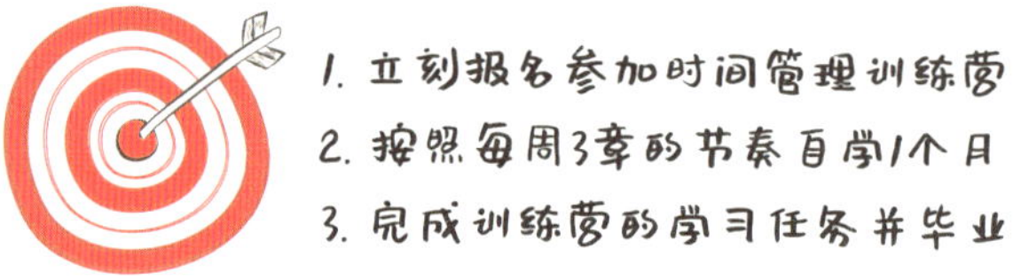

第三步：检查。

首先检查事情是否有足够的支持。

需要的支持有两个：第一个是报名了没有？没有报名就无法学习。第二个是下个月有没有训练营开启？没有训练营开启那也不能如期进行。

然后要检查有没有留下足够的弹性。

对于第一个月的自学阶段，我们安排了 4 个星期的学习内容，1 个月其实不止 4 个星期，留下了弹性时间；而对于第二个月的训练营阶段，则无法检查是否有弹性。

讲到这里，相信你已经理解了如何使用“量化—分解—检查”这三把刀。威力是不是很强大？

3.5 常见问题解答

明确事项目标的过程中，会有很多问题。现在，就让我们来解答一些最常见的问题。

问题：哪些事情需要明确目标？

解答：只要是需要结果的事情，就要明确目标。

对于结果并不太关注的事情，可以不定目标，比如出去散散步、打打游戏等。

问题：我定了一个目标，但却经常无法完成

解答：完不成目标的常见情况有两种：

1. 目标本身过于不切实际，不可实现。比如你明明只能背 50 斤的东西，却要定背 100 斤的目标，那可能实现吗？

2. 只有最后目标，没有阶段分解，导致执行过程不给力。没有合理的过程，如何会有合理的结果？

问题：事情不断变化，目标要反复变化，怎么办？

解答：首先，我们要思考一下，目标真的定对了吗？如果一开始目标设定得就不对，于是做了一点后，发现目标不行就只好匆匆忙忙换目标。制定目标要务实，不要一拍脑袋就决定。

如果目标认真定了，但确实跟不上事情的变化，那就非常简单，该变就变！不光要变，还要尽快变、坚决变！因为不可能达成的目标是没有任何作用和意义的。

问题：如何制定个人长期目标（如人生目标、职业目标）？

解答：首先我们要明白，个人长期目标是不断变化的。你需要对自己有更加深入的了解，才可能定出靠谱的长期目标。

有些职业规划中讲到要定人生目标和终身职业目标，这基本等于胡扯。因为时间的力量和带来的变数完全超乎想象。就像大叔做了13年IT工程师，但后来却转行做了老师，能预测到吗？制定靠谱的长期目标，只能靠不断尝试和反复认知。

虽然长期目标不断变化，但还是有相应的方法的。这个方法叫作：定方向—开枪—瞄准。

乍一听感觉不对，是不是？因为我们的常识是，要先瞄准靶子才能开枪啊。但是，在制定长期目标的时候，你往往根本就不知道靶子在哪儿！

所以，我们要先定一个大致的方向，然后开枪；开枪以后，让子弹飞一会，看看飞的地方是你想要的吗？感觉对不对？如果感觉这一枪靠谱，那就瞄得准点，再开枪；如果感觉这一枪不靠谱，那就选择新方向，重新开枪和瞄准。

反复进行“定方向—开枪—瞄准”，你就可以用很短的时间和很小的成本来逐步明确长期目标了。

问题：事情想不清楚或变数比较大，该如何定目标呢？

解答：让我们想想《西游记》这个故事，一段十多年的历程，变数大不大？但为什么能够最终取经成功，就因为有目标。

对于不清晰的事情，首先要定一个大目标。但是，大目标不要定太死，更不要试图做目标分解，因为那是自欺欺人。

然后，我们要认真定第一步的目标。这个第一步目标，一定要务实、可行。定了第一步目标以后，那就一边做一边调整。做好了第一步，再思考第二步、第三步怎么走。

目标，不是一成不变和不可调整的，根据具体的进展情况，我们要合理调整目标。

落地行动指南

1. 在开展一件重要或耗时较长的事情时，先问自己：做这件事的目标是什么？

2. 在确定目标时，通过 SMART 法则来判断目标是否合理。

3. 如果感觉目标不够清晰和具体，可以用 STQC 这四个要素来对目标进行量化。

4. 对于时间跨度比较大的事项，可以先制定第一步的小目标，并在事项开展过程中逐步把目标变得更清晰。

5. 对于没有明确目标的事情，不盲动。

04

学会正确计划

有计划，才能合理分配时间

才能有效管控过程

4.1 我们为什么需要计划

计划无处不在。工作需要计划，学习需要计划，锻炼身体也应该有计划。但是，我们真的了解计划吗？

1. 计划的作用

计划起到三个非常实际的作用：

第一个是合理分配时间。计划会帮助我们去更好规划时间，把时间分给不同的事情，从而实现对时间的合理利用。

第二个是明确行动步骤。在做一个重要的事情时，基本上不可能一蹴而就，而是需要很多步骤。那怎么去定义相应的步骤呢？这个时候我们就需要计划。

第三个是掌控执行进度。多数人都会忽略这一点。计划不是做出来就结束了，而是要在事情的不断进展过程中去审视、去调整，这样才能真正发挥计划的作用。

2. 计划的类型

计划有两大类型：

第一类叫“时间计划”。顾名思义，时间计划就是根据一个时间段来制作的计划。常见的时间计划包括日计划、周计划，也有用得相对少一点的月计划、年计划。

时间计划，可以简单理解为待办事项的升级版。

待办事项的核心作用是帮助我们厘清要做的事项，但对于事项的具体目标、要用多少时间、有哪些要求则不太关注。而时间计划则会帮助我们把这些问题理得更加清楚。

常见的时间计划包括：

- 日计划：关注一天要做的事情及其时间分配情况。
- 周计划：关注一周要做的重点事项以及相应的目标。
- 月计划，关注一个月要做的核心事项和关键目标。
- 年计划：关注一年的最重要目标。

第二类叫“事项计划”。事项计划就是根据一个事项的可能进展和相应安排，从而制订的计划。事项计划的作用是对一件事情进行规划和管控，从而让这件事情能够做得更好。

4.2 如何制订日计划

日计划是最基础的也是最重要的计划，必须掌握。

1. 做日计划的流程

做日计划，要用到以下三步流程。

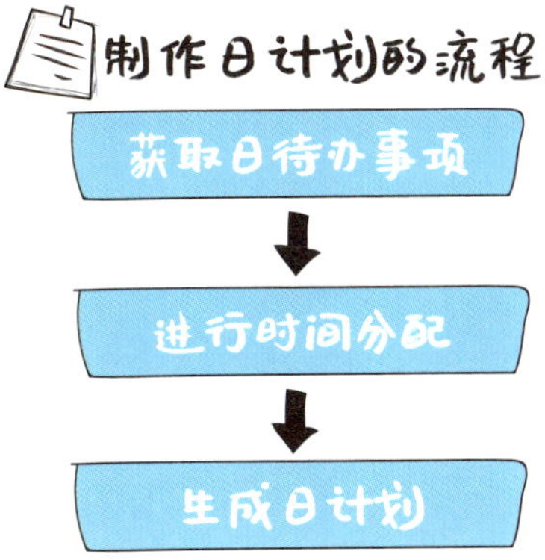

第一步：获取日待办事项。

日计划是日待办事项的升级版。要做日计划，我们首先要获取日待办事项。如果对日待办事项还不清楚，请翻到第二章“知道做什么”去进行相关的巩固学习。

第二步：进行时间分配。

这一步，我们需要为各个事项进行时间分配，并保证事项有足够的时间。分配时注意四个核心要点：

（1）“顺序”要点：按待办事项从上往下的顺序，针对每个事项分配时间。

还记得吗？日待办事项列表是按照 ABC 分类 + 紧急、重要程度进行排序的，因此越靠上面的事情就应该优先分配时间，保证其获得足够的时间。

很多小伙伴之所以做计划不成功，原因就在于主次不分，对于所有的事情都想兼顾。但问题是，时间是有限的，不可能满足所有事情。如果重要事项的时间无法保障，那就会捡了芝麻丢了西瓜，计划又如何能够成功呢？

（2）“弹性”要点：对于重要的事情，在预想时间的基础上，再多分配 25% 的时间。

比如你打算写一个重要的报告，预计需要 1 个小时的时间，那么你至少需要对这个事情分配 1 个小时 15 分钟的时间。

为什么要这么做？原因有两个：

第一，我们往往过于乐观。我们总认为自己能够在预计时间内完成事项，但往往却无法如期做到。

第二，我们会受到各种干扰。当完成耗时较长的事项时，我们经常会受到各种干扰，比如领导叫你有事、别人找你聊天等。这些干扰，会导致事项原定的完成时间被滞后。

因此，为重要的事项多分配 25% 的时间，会增加时间弹性，让事项的完成更有保障。

（3）“连续”要点：对于费时多的事项，尽量分配连续时间。

假设明天有个重要的事情，需要分配 2 个小时的时间。那么究竟是上午一小时和下午一小时，还是都分配到上午或下午更好？根据实际经验，都分配到上午或下午更好。

为什么会这样呢？

因为做一件事的时候，我们的大脑开始时是处于准备状态中，需要一定的时间才能进入专注状态。就像我们去跑步，开始时需要进行准备活动，然后才能正式进入跑步的节奏。

如果频繁进行事项的切换，大脑就很难进入专注状态中；而不进入专注状态，就意味着工作效率会处于一个较低的水平，这样就会导致事项的完成时间变长。

因此，对于费时较长的事项，要尽量给它分配连续的时间。

（4）“空余”要点：我们一天至少要留出 10% 的机动时间，作为后备。

不知大家是否看过电影《变形金刚》,《变形金刚》里的机器人，个个都有后备能源。后备能源的作用，就是当主能源消耗完毕时，能保证机器人继续正常运转。

我们每天难免会遇到各种突发事件，这些事件需要额外占用时间。如果没有机动时间，原定计划就很容易被打乱。

假设你一天的工作时间有8小时，那么实际安排7个小时的工作时间、留出1小时的机动时间就对了。

有了这个机动时间，我们可以把突发事件放到机动时间里去完成，或者用机动时间去解决那些被延迟的事情。

第三步：对计划进行排序，形成最终的日计划。

这一步要做的事情就是按照时间从早到晚的顺序，对所有事项进行排序，生成最后的日计划。

日计划要产生好的效果，就一定要按照时间来排序，这样能够让自己一眼就看清楚，从早到晚我们到底要完成哪些事情。

2. 何时做日计划

做日计划一定要有合理的时间点，这样才能更好养成做日计划的习惯。关于做日计划的时间点，有两种推荐方式：

第一种方式：每天下班前做第二天的日计划。

在你一天工作结束时，你不妨花5分钟左右的时间，把第二天要做的事情梳理一下。而到了第二天开始上班的时候，就先把当天的工作计划审视一遍，这样可以让自己快速进入工作状态。

第二种方式：每天上班时做当天的日计划。

在每天上班时，你要干的第一件事情，就是先把今天的计划安排好，再去做具体的事情。由于开始上班时大脑都处于比较清醒的状态，所以这时做计划会更清晰，大脑也能快速进入状态。

两种方法没有优劣之分，你可以根据自己的习惯来安排。大叔习惯的是第二种方式，每天上班时来做当天的计划。

3. 做日计划之实操案例

沿用之前波波羊大叔的明日待办事项案例，来制订日计划。

我们首先要获得日待办事项列表：

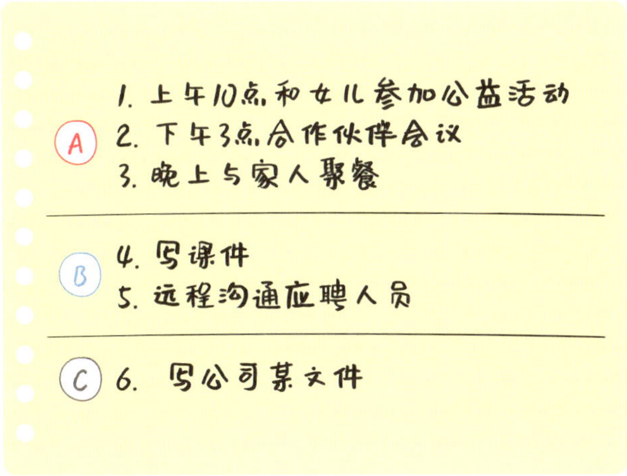

在得到日待办事项列表后，我们就可以按照从上往下的顺序，对每个事项进行时间分配。

先来看 A 类的事项。

第一个事项是上午 10 点和女儿参加公益活动。仔细一想，要去活动现场，要不要花时间？活动结束后，送女儿回家要不要时间？因此，这个事项的开始时间一定要安排得早，结束时间要安排得晚。最后分配的结果就是，从上午的 8 点开始，一直到上午的 11 点 30 分结束。

再来考虑下午 3 点的合作伙伴会议事项。3 点钟要开会，要不要提前做安排和准备？因此，这个事项的时间安排从下午 2 点 45 分开始，一直到 4 点钟会议完全结束。

而最后晚上与家人的聚餐，安排的时间则是晚上 7 点到 8 点这样一个时间段。

分配完 A 类事项后，我们再来看看 B 类的事项。

首先看写课件这个事情。初步考虑需要一个半小时，但由于这个事情很重要，根据弹性要点要增加 25% 以上的弹性时间。因此，最后决定分配 2 个小时的时间。考虑到上午的时间已经基本被占满，所以我们就安排在下午来进行。

再来看远程沟通应聘人员这个事情。因为我约定的是采用微信方式来进行初步沟通，因此索性安排到晚上。考虑到弹性要点，最后决定安排一个小时的时间。

最后来看 C 类事项，只有一个写公司某文件的事项。让我们来审视一下，还有没有时间空余？上午 11 点 30 分以后，可以安排半个小时的时间。

至此，我们的时间就分配完毕了，结果是这样：

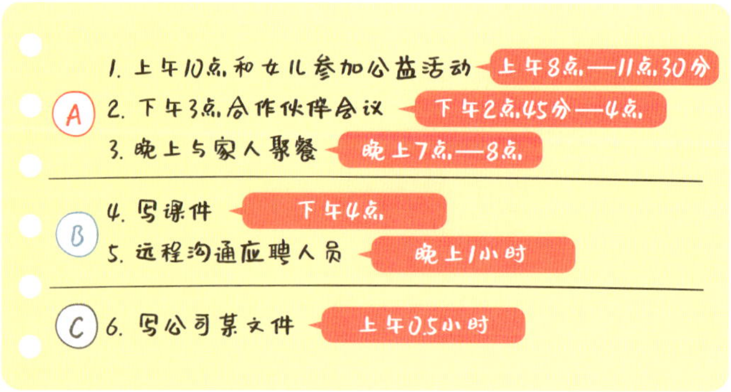

而我们要做的最后一件事，就是按照时间从早到晚的顺序，对所有事项进行排序，从而生成最后的日计划。

时间		事项
上午	8:00—11:30	上午10点和女儿参加公益活动
	11:30—12:00	写公司某文件
下午	14:45—16:00	下午3点合作伙伴会议
	16:00—18:00	写课件（保证2小时）
晚上	19:00—20:00	晚上与家人聚餐
	21:00—22:00	远程沟通应聘人员

到这里，大叔的日计划就已经制订完成了，看起来是不是很清晰？注意，这个计划还有一点美中不足，你能找到吗？

那就是时间安排得比较紧，弹性不是那么的好。从早上 8 点到晚上 10 点，整天的安排都很紧张，没有留出足够的机动时间。因此在执行这个计划时，我需要很小心地进行控制，必要时需要舍弃掉一些事项（比如写公司某文件的事项）。

4.3　如何制订周计划

学会做日计划后，我们就可以升级来学习制订周计划。

1. 制订周计划成功的关键

要让周计划成功发挥作用，我们必须明白三件重要的事：

（1）做周计划，要抓大放小。

日计划你可以安排得很精细，因为一天的事情比较容易预测和掌控。但是对于一周呢？事情很多，变化的可能性也比较大，因此我们不可能什么事情都想到。

做周计划要抓大放小，计划这一周的重点事项即可。

（2）做周计划，要明确事项的目标。

周计划里的事项，时间跨度相对较长。为了保证执行的效果，我们一定要记住：明确事项的目标！

没有制定目标，而只是简单地罗列事项，执行结果自然会不太理想。那么如何才能制定出目标呢？上一章“明确事项目标”讲得非常清楚，在此不再赘述。

（3）在一周结束时，制订下一周的计划。

做周计划，比做日计划要思考的事情更多，也更费劲。因此，我们要在一周工作结束时，认真制订下一周的周计划。如果放在下一周的第一天来制订周计划，就会显得很仓促。

2. 做周计划的流程

做周计划，包括以下四步流程：

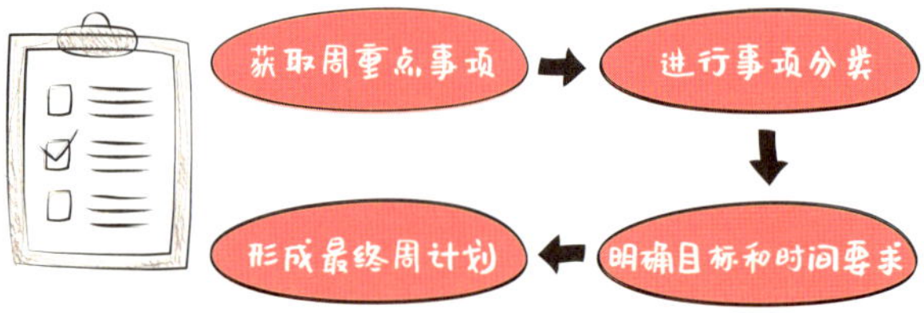

第一步：获取周重点事项。

做周计划，首先要获得一周的重点事项。那么如何获得呢？通过思考以下三类事项，就可以很快获得。

（1）有明确时间要求的事情。比如你本周一定要写完一个报告，并在星期五之前提交给领导。

（2）持续开展的重要事情。比如大叔这段时间要持续写书，本周要完成 3 章书稿，下周也要继续。

（3）形成惯例的重要事情。比如你每天早上要外出晨跑，或者每天要写一篇日记等。

除此之外，我们还可以通过四象限法则来进行思考。其中，重要且紧急和重要但不紧急的两类事情，都是我们要关注的周重点事项。

第二步：进行事项分类。

在一周的时间里，我们做的重点事项会比较多，也会有各种不同的类型。因此，对重点事项进行分类，会帮助我们看得更加清楚，也能更好地安排。

那怎么进行分类呢？

最常见的方式就是按照工作、生活两个大类进行分类，这样一目了然。如果你的周事项比较多，也可以分得更细一些，比如工作、家庭、个人，或者工作、学习、生活，等等。

值得注意的是，对于那些需要坚持的惯例性事情，比如早睡、早上跑步、每周健身等，可以单独作为一个分类叫“惯例”。这样看起来更清晰，也更容易检查执行的效果。

第三步：明确目标和时间要求。

定义周计划的事项目标时，不要写得很复杂，用一句话讲清楚就好，在此就不详细解释了。关键的是时间要求，具体包括以下三种形式：

第一种是截止时间，代表要在某个截止时间前搞定事情；

第二种是时间段，代表要在这个时间段里开始并完成事情；

第三种是惯例时间，代表要在固定的时间里去做某件事。

举个例子，对于每日晨跑这件事，可以这样明确目标和时间要求：每日早晨 7 点开始跑步，每次 30 分钟，至少跑 5 公里。

第四步：形成最终周计划。

做周计划，建议采用 excel 表格，因为用表格能把事项整理得非常清楚。在表格中，需要设定四个基本的列：

第一列是“类型”，就是我们在第二步中定义的具体分类；

第二列是“事项”，就是要做的重点事项；

第三列是“目标”，对应事项的目标；

第四列是“时间要求”，对应事项的时间要求。

用这个表格，我们就可以把所有事项分类写进去。同时，我们还可以**把其中最关注的事情标红或加粗**，这样可以让我们清楚知道哪些是最重要的事情。

3. 做周计划的实操案例

下面以波波羊大叔的周工作计划为例，来展示做周计划的具体操作过程。

第一步：获取周重点事项。

经过思考，波波羊大叔下周要做八件事。

1. 编写课程课件
2. 录制课程视频
3. 市场团队销售
4. 合作伙伴沟通
5. 与某教育平台营销合作
6. 人员招聘
7. 公众号更新
8. 微博更新

注意，其中公众号更新、微博更新是两件重要的惯例事情，需要重点关注，因此也列入事项列表。

第二步：进行事项分类。

大叔按照每件事情对应的不同领域来进行分类。由于大叔的工作内容很多，所以分类会比较细，按照产品研发、市场推广等方式进行分类。同时，惯例事项被分为了一个单独的类别。

分类完毕后的结果如下：

分类	工作事项	目标	时间
1.产品研发	编写课程课件		
	录制课程视频		
2.市场推广	市场团队销售		
	合作伙伴沟通		
3.平台合作	与某教育平台营销合作		
4.团队建设	人员招聘		
5.日常惯例	公众号更新		
	微博更新		

第三步：明确目标和时间要求。

分类	工作事项	目标	时间
1.产品研发	编写课程课件	完成3章	周六
	录制课程视频	完成2章	周六
2.市场推广	市场团队销售	达到x人次	本周
	合作伙伴沟通	确定推动模式	周三
3.平台合作	与某教育平台营销合作	单独计划	
4.团队建设	人员招聘	周二发渠道、计划收x份简历	本周
5.日常惯例	公众号更新	两天一更	
	微博更新	日更	

注意，目标和时间要求要写得简明扼要。对于一些需要详细计划的事情，比如与某教育平台营销合作，写“单独计划”就好。

第四步：形成最终周计划。

大叔使用字体标红的方式，来明确那些较重要的事情，形成了最终的周计划。

分类	工作事项	目标	时间
1.产品研发	编写课程课件	完成3章	周六
	录制课程视频	完成2章	周六
2.市场推广	市场团队销售	达到x人次	本周
	合作伙伴沟通	确定推动模式	周三
3.平台合作	与某教育平台营销合作	单独计划	
4.团队建设	人员招聘	周二发渠道、计划收x份简历	本周
5.日常惯例	公众号更新	两天一更	
	微博更新	日更	

4.4 如何制订月计划

制订月计划，和制订周计划的方法基本一致，但更简明。

相比一周而言，一个月的事情更多、跨越时间更长、变数更大，因此月计划只要聚焦本月的核心事项和目标即可。

以波波羊大叔的月计划为例：

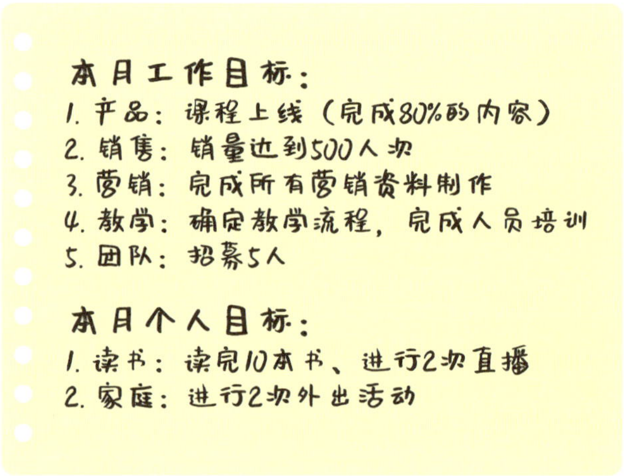

大叔的月度计划，重点就是两个方面：

一是工作方面。从产品、销售、营销、教学、团队各个方向去对应相应的简明目标。

二是个人方面。设定的目标是读完 10 本书并做 2 场公益直播，和家里人一起外出进行 2 次开心的活动。

月计划制作时要抓大放小，产生内容要简明扼要。大家掌握了吗？

4.5 如何制订年计划

制订时间计划还有就是学习做年计划。

绝大多数的小伙伴从来没有做过年计划，为什么？第一个不知道年计划有什么用，第二个不知道年计划应该如何去做。

年计划的作用就是作为年度指引，指引你的行进方向。要让自己的一年过得既充实又不盲目，这个年度指引很重要。

做年计划的流程有两步：找到一年中最有价值的事项，再对这些事项制定关键目标。

年计划的具体制作流程如下：

1. 运用四象限法则，思考最重要的事

我们所有做的事情，都可以放入四个象限，分别是事业、家庭、社交和个人。因此，我们需要从这四个象限进行反复思考，找到最重要的事。

需要注意的是，在每个象限中，最重要的事最多只有三件。

如果超出了三件事，那就把多出的事情坚决移除掉。

2. 对每件重要的事，制定关键目标

对于年计划中的各个事项，不要也不可能定义精准的目标。因为事项时间跨度一年，可能的变化会非常大，设定所谓精准的目标并不靠谱。

合理的方式，就是为这个事项设定 1～3 个最关键的指标，并用数字来进行量化。

让我们来看看大叔的 2019 年计划：

年计划看起来很简单，但却要经过反复思考和高度提炼后才能真正做到有效。大叔一般会在年底开始思考，次年初完成。

4.6 如何制订事项计划

在以上的内容中，我们已经把如何制订时间计划讲得很清楚了，现在来讲讲如何制订事项计划。

1. 事项计划的制订要点

事项计划的作用，就是**通过对事项的计划，帮助实现事项的预想结果**。既然结果很重要，事项计划就必须关注两个重点：

第一个是过程。没有过程，就不会有结果。

第二个是资源。没有资源的支持，只能想到但无法做到。

那么事项计划应该什么时候制订？毫无疑问，最好的时间一定是在事项开始前就开始做计划。如果事项已经开展了很久，再来做计划有没有用？也有用，亡羊补牢，为时未晚。

2. 制订事项计划的四步流程

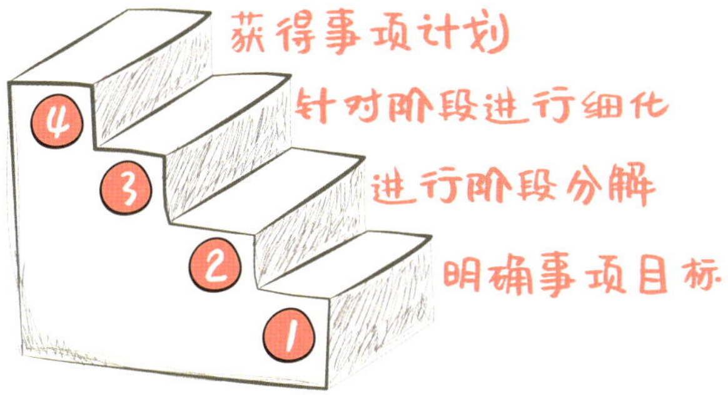

第一步：明确事项目标。

大家要养成一个习惯：对于重要的事情，一定先想目标是什么，而不是先思考如何来做。目标都搞不清楚，不如不做。

明确事项目标，在之前第三章中已经进行过详细讲解，如有遗忘请进行回顾。

第二步：进行阶段分解。

获得事项的总目标后，我们就需要进行阶段分解。阶段分解有两种常见方法：

第一种分解方法，是按照工作流程去分解。

我们做任何一件事情都是有流程的。网上有个搞笑的“段子”《怎么把大象放进冰箱里》，大家有印象吗？流程分为三步：第一步把冰箱门打开，第二步把大象塞进冰箱里，第三步是把冰箱门关上。这就是典型的按照工作流程来进行阶段分解。

第二种分解方法，是按照时间周期去分解。

比如有一个事情要花一个月的时间，我们可以按照大致 4 周的时间，把事情分解到具体的每周中去。

那对于一件事，我们应该选择哪种分解方法呢？如果这件事情的流程比较清晰，那么建议按照工作流程去分解；如果需要特别关注每一个时间段产出什么样的结果，那么就不妨按照时间周期来进行分解。

第三步：针对阶段进行细化。

阶段分解完毕后，我们要针对阶段里的事项进一步细化。

首先，针对分解出来的事情，把相应的目标明确下来。

然后，要去明确对应的时间要求、负责人和相应的资源。如果没有落实这三项，事情能不能实现压根就没有保障。

在这里，要特别介绍“负责人”这项内容。在之前的计划中我们从未写过负责人，为什么？因为之前计划中的事项都是由自己负责完成的，所以负责人就是我自己，无须进行说明。

但要做复杂的事项时，我们需要和他人进行合作，很多具体的事情要让别人来负责。因此需要针对每一项细化产生的具体事情，指定对应的负责人。注意，一件事情的负责人只能有一个，出了问题就找他。

第四步：获得事项计划。

我们把第三步细化的内容按顺序记录下来，就能获得最终的事项计划。要记录的内容包括：时间、事项、目标、截止时间和负责人。

建议使用 excel 表格来进行记录，这样方便查阅和修改。

3. 事项计划的实操案例

下面，我们将针对一个案例进行剖析：

某专门面向中小学提供旅游活动的公司，要在 10 月份招收一批客户，开展一期周末旅游活动

第一步，设定事项总目标。

要设定目标，就需要通过问题来进行澄清：

●客户是谁？——答：是小学生，组织的是小学生旅游活动。

●何时活动？——答：10 月 21 日，计划游玩一天。

●要招多少人？——答：计划招收 100 人。

●价格是多少？——答：活动价格是 199 元 / 人。

通过这四个问题，我们已经获得了一个明确的目标：

某旅游公司，要在 10 月 21 日开展一场周末游活动。活动计划招收 100 名小学生，价格是 199 元 / 人

第二步：进行阶段分解。

根据组织活动的一般流程，可以把这件事情分成三个阶段：

第一个阶段是准备阶段。在这个阶段，我们需要去做活动策划、讨论和做一些基础的准备。

第二个阶段是招生 + 实施准备阶段。为了实施这个活动，我们首先必须招到足够的客户，同时我们还要做活动实施的具体准备，否则活动无法正常开展。

第三个阶段是实施阶段。在这个阶段，我们需要具体完成此次旅游活动。

在分解阶段的同时，还需要分出每个阶段的对应时间段。阶段分解的结果如下：

阶段	时间段
准备阶段	10 月 8 日—10 月 12 日
招生 + 实施准备阶段	10 月 12 日—10 月 20 日
实施阶段	10 月 21 日

第三步：针对阶段进行细化。

在这个步骤中，我们首先针对每个阶段列出要做的具体事情，并确定相应的目标、截止时间和负责人。

第四步：获得事项计划。

最后获得的结果如下：

阶段	事项	目标	截止时间	负责人
准备阶段（10月8日—10月12日）	活动确定	确定活动流程、所需资源，产出文档	10月8日	项目总负责
	宣传制作	完成宣传话术、微信图片、H5的制作	10月11日	设计负责
	活动培训	对所有参与人员进行培训	10月12日	项目总负责
……				

至此，事项计划就制订完毕了。

4.7 有关计划的重要补充

1. 计划之后要做什么

有很多人认为制订计划以后就万事大吉了，但实际上根本不是这样。如果做了计划后就不再关心，那计划基本白做了。

为了发挥计划的真正作用，计划之后要做好以下三件事：

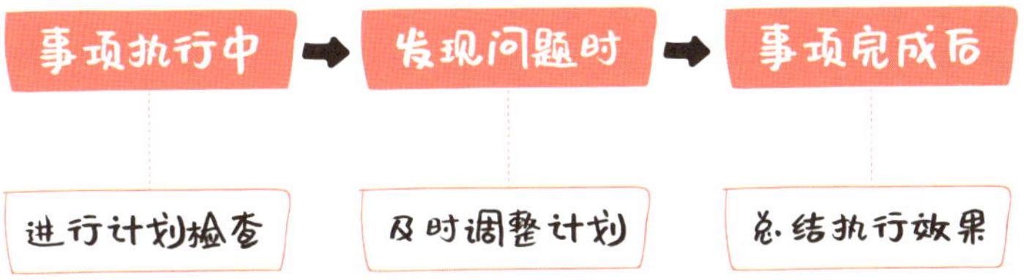

在执行计划事项时，我们要做计划检查，其中要重点检查三项内容：

第一项是时间花费。做计划的核心作用之一，就是管控时间。因此，要检查事项的实际花费时间和计划时间是否匹配。

第二项是事项进度。在做事项计划时，我们一定要看看当前事项的进度是否合理，和计划的时间节点是否匹配。

第三项是阶段结果。没有阶段结果，就不会有最后结果。通过评估阶段结果，我们可以预测事情的发展趋势是否正确。

当出现以下问题时，我们就要及时调整计划：

问题一：计划的进度、时间等设定不合理。

问题二：根据现有进展情况，预计与计划的结果会有很大偏差。

这时不调整计划是不行的，否则计划就废了。牢记，计划不是死的。灵活调整计划，才能让计划真正发挥作用。

当计划事项执行完毕后，我们需要对照计划进行总结。

我们应该怎么总结？

第一个，成果总结。事项的执行成果如何？花费的时间、资源和计划是否匹配？这就叫成果总结。

第二个，原因总结。如果执行成果好，那成功原因是什么？如果执行有问题，那出现问题的原因是什么？这叫作原因总结。

第三个，经验总结。本次做计划的经验是什么？教训是什么？下一次做计划，如何能够做得更好？经验总结非常重要，只有通过反思经验和教训，才能让自己的计划做得更好。

2. 使用计划的实用经验

下面，大叔把自己多年使用计划的实用经验分享给大家。

（1）日计划的实用经验

- 每天早上工作时，做当日工作计划（或待办事项）；
- 每天中午休息时，简单检查一下计划的执行情况；
- 每天下班时，花 3 分钟总结一下当日计划的执行效果；
- 每完成一件事情时，立刻把这件事情从计划中删掉，或者在后面标记一个“OK”。

（2）周计划的实用经验

- 周计划的事项不宜太多，一般设置 8~10 项；
- 每 1~2 天，检查一下周计划的执行情况；

●在周末时做本周的计划总结，并做下周的计划。

（3）事项计划的实用经验

●对于重要的事项，1~2 天就要检查一次计划；

●当事项计划的每个阶段完毕时，阶段总结一下；

●检查计划时，同步思考事项的下一步应该如何开展；

●整个事项执行完毕后，一定要写总结报告，并且要把总结报告好好存放起来，方便以后查看。

4.8 常见问题解答

问题：我真的每天都需要做计划吗？这样有用吗？

解答：

1. 坚持每天花五分钟做计划，一周下来效果就会很明显。

2. 不习惯写日计划，写日待办事项列表也很好。

问题：对变化很快的事情，计划真的管用吗？

解答：

1. 变化越快的事情就越要计划，通过计划加强思考和管控。

2. 计划不要做得太长远和求完美，聚焦最近的步骤就好。

3. 在执行过程中间，要不断去对计划进行检查和调整。

问题：为什么认真做了计划，但执行起来却感觉没用？

解答：有两种常见原因：

1. 计划是否做得合理？如果计划本身做得就不合理，那执行起来如何会起作用呢？

2. 是否及时进行了计划检查和调整？事情发生了变化，计划却不进行检查和调整，那这个计划的作用自然很小。

问题：做事项计划时，感觉头绪多、想不清楚，怎么办？

解答：

1. 计划是否清晰，本质上取决于对事情的理解和自己的思维能力。理解越深，思维能力越强，计划就更清晰。

2. 建议使用思维导图这个工具，帮助制订事项计划。前往网易云课堂（http://study.163.com），搜索一下“最强思维导图训练营”这个课程。

问题：感觉自己的年计划做得不好，做了有用吗？

解答：只要是你经认真思考后去做的，就一定有用。

年计划重要的不仅仅是结果，其过程也非常重要。做年计划必须对自己进行全面总结和思考，认真思考一年的发展方向、核心目标。不管做的结果如何，这个思考过程的价值就非常大。

问题：如何做部门计划和公司计划？

解答：

1. 做部门计划和公司计划，本质方法和做个人计划一样。

2. 和个人计划比较起来，做部门计划和公司计划要注意几个关键点：面对的事情更多，需要抓大放小；涉及人员很多，要明确负责人；一律使用 excel 记录，这样看得更加清楚。

问题：如何养成写计划的习惯？

解答：

1. 简单上手。从做日计划或日待办事项开始就好。

2. 固定时间。比如，每天一上班，就先动手做计划。

3. 寻找成就感。多用用计划，你就会感觉到计划的力量和给自己带来的变化，这样就能找到成就感，更好坚持做计划。

落地行动指南

1. 将周待办事项升级为周计划，更好进行时间规划。

2. 对于重要的事项，在明确目标后，先做事项计划。

3. 开始做事项计划时，在不偏离目标的前提下，重点做好总体框架和流程，不需要特别精确和细致。

4. 做完计划后，一定要检查计划的弹性。如果是刚开始学做计划，建议在原预计完成时间的基础上再增加25% 的时间。

5. 在事项执行的过程中，要经常检查计划。一旦发现计划与实际情况不符，那就尽快调整计划。

05

提升工作效率

没有效率，再好的计划也只能是空中楼阁

5.1 如何才能提升工作效率

在之前我们学会了确定目标、制订计划，但如果工作效率很低，结果会怎么样？结果还是差，因为我们没有办法把安排好的事情执行出结果。

因此，提升工作效率在时间管理体系中占据了一个非常重要的位置，它直接决定了最后的执行成果。

现在让我们闭上眼睛，仔细回想一下：之前自己工作效率很高的时候，会有一些什么样的表现呢？

我们是不是处于聚精会神、全神贯注的状态下？是不是心无旁骛、专心致志？

决定工作效率的核心原因只有一个，就是专注。

对比一下，工作效率低的时候，我们通常都是无法专注、被人各种打扰，大脑里有各种杂念；而在工作效率高的时候，我们基本一直处于专注状态、没人打扰的状态，大脑里也极少有杂念。

保持专注，就是提升工作效率的核心法宝。

那我们怎么才能做到专注呢？有 4 个超级重要的方法。

1. 同时只做一件事

为什么同时只能做一件事？**因为我们的大脑，最擅长的就是同时只做一件事。**

大脑和电脑不一样。电脑可以同时干很多的事情，你可以一边放音乐、一边看八卦，甚至同时打游戏，电脑依然“跑”得很快。但我们的大脑是不擅长多任务处理的，当它同时去干几个事情的时候，效率是直线下降的。

有的小伙伴会有疑问，怎么好像我是一边听音乐、一边工作，效率才最高呢？因为，你在听音乐的时候，并没有真正使用大脑。放音乐的作用是帮助大脑进入一个安静的状态，而且屏蔽了其他的干扰。如果你真是在用大脑去听歌的具体内容，而同时又在工作，那肯定是没有效率的。

所以，我们要牢牢记住：同时只做一件事。

如果我们有多件事情要处理，最好的方法就是做完一件事，再做另一件事。

2. 明确事项目标

明确事项目标，为什么能帮助我们保持专注呢？让我们来看一个经典的故事。

1952年7月4日的清晨，浓浓大雾笼罩整个海岸，一位34岁的妇女——费罗伦丝·查德威克，从海岸以西21英里的卡塔林纳岛上涉水下到太平洋中，开始向加州海岸游过去。如果她成功了，她就是第一位游过这个海峡的妇女，在此之前，她是第一位游过英吉利海峡的妇女。

15个钟头之后，她感觉自己不能再游了，就叫人把她拉上船。在另一条船上，她的母亲和教练都告诉她海岸已经很近了，叫她不要放弃。但她朝加州海岸望去，除了浓雾什么也看不到。

几十分钟之后，人们将她拉上船。人们拉她上船的地点，离加州海岸只有半英里！后来她说，她放弃的真正原因不是疲劳、寒冷，而是在浓雾中看不到目标——海岸。

这个故事告诉我们：当我们看不见目标的时候，大脑就会产生各种杂念，就很容易变得疲倦，我们也就无法保持专注。

因此，做一件费时较长的事情时，我们要采用如下策略：

（1）开始做之前，先要把目标仔细地审视一遍。这样，大脑就很容易进入专注的状态中。

（2）用量化、分解、检查这三步，把大目标分解成阶段目标，让自己可以分步完成最后的目标。

（3）在执行过程中，用实际进展情况和阶段目标进行比对，帮助自己清楚意识到离目标还有多远距离。

3. 分段开展工作

在持续工作的情况下，我们的大脑会很疲倦，很难一直保持专注。因此，我们需要分段开展工作，做到劳逸结合。

什么叫作分段开展工作？顾名思义，就是在做一个工作的时候，你不要指望一口气全部做完，而是把工作分成一段一段来完成，在分段的过程中进行有效休息。

分段工作可以这样简单理解：当我们工作一段时间后，就去休息一下，然后再回来工作。很多小伙伴会有疑问了，我们不都是这样做的吗？

但是，真正的分段工作法并不简单。一位意大利人——弗朗西斯科 · 西里洛认真研究了分段工作法，并由此创造了一个专门的方法，叫“番茄工作法”。

番茄工作法是一个微观的时间管理方法，使用很简单，效果立竿见影。用好番茄工作法，你的工作效率就会有很大的提升。如何使用番茄工作法，我们后续再详细阐述。

4. 抗击一切干扰

保持专注的最后一个关键方法，就是抗击一切干扰。干扰是专注的大敌，如果我们不会抗击干扰，那只要干扰一来，我们就无法保持专注。

如何抗击干扰，我们也会在后面的内容中进行详细阐述。

5.2 分段开展工作——番茄工作法

番茄工作法是怎么来的呢？话说方法的创始人——弗朗西斯科 · 西里洛本来也是一个工作效率低下的人，他在大学生活的头几年，曾一度苦于自己学习效率低下。

“于是我和自己打赌，下猛药，狠狠鄙视自己说：‘我能学习一会儿吗？真正学上10分钟？’我得找个计时教练，谁来替我掐表呢？后来我找到了，是一枚厨房定时器，形状像番茄。就这样，我邂逅了我的‘番茄钟’。”

1. 番茄工作法的执行步骤

番茄工作法一共分为五步：

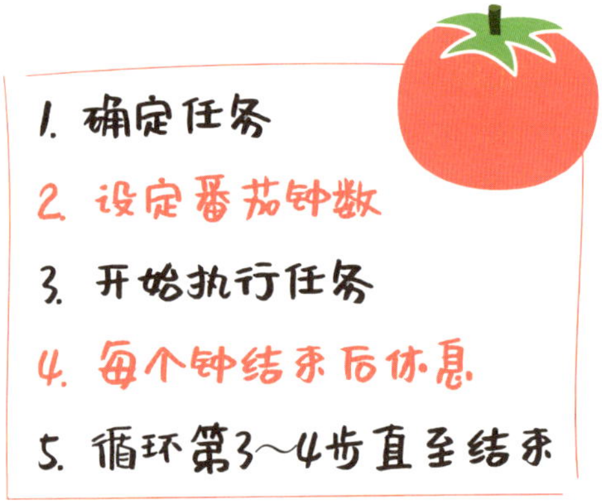

第1步：确定任务。在这个步骤中，你需要确定往后的时间内要完成的具体任务。注意，这个任务只有一项。

第2步：设定番茄钟数。一个番茄钟是25分钟。你需要对要完成的任务进行评估，看看需要多少个25分钟才能完成，这也就意味着需要多少个番茄钟。

第 3 步：开始执行任务。设定完番茄钟数以后，你就可以开始执行任务了，注意每次执行任务只用一个番茄钟的时间，时间结束了就进入第 4 步。

第 4 步：每个钟结束后休息。当每个番茄钟结束时，你需要休息一下。休息有两种情况，一种是短暂休息 5 分钟，另一种是稍长休息 15 分钟。

第 5 步：循环第 3～4 步直至结束。你需要一遍遍地进行循环，直至完成整个任务。

用一句话来说明番茄工作法：选择一个待完成的任务，设置若干个 25 分钟来专注工作，中途不允许做任何与任务无关的事情，直到番茄钟响起；然后短暂休息 5 分钟或 15 分钟，往复循环直至完成任务即可。

2. 番茄工作法案例实操

为了帮助大家更好理解，大叔就用一个案例来给大家做详细讲解。

案例：读完《时间管理：每天多出 2 小时》这本书

第 1 步：确定任务。

怎么确定任务？关键就是明确事项的具体目标，并确定大致的花费时间。

经过思考，确定的目标如下：

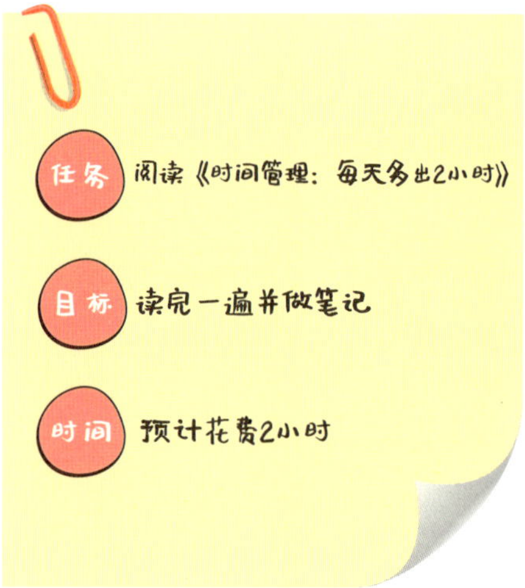

第 2 步：设定番茄钟数。

之前确定任务总体需花费 2 小时，合计 120 分钟，也就是大致 5 个番茄钟的时间。

在这里我会思考得更细一些，把 5 个番茄钟内大致要做的事项都列出来：

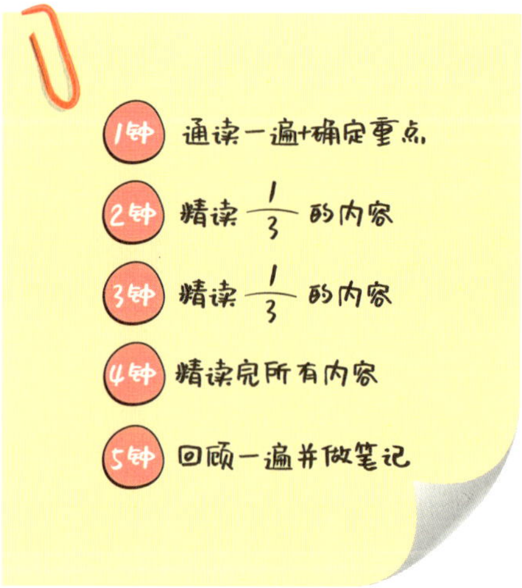

第 3 步：开始执行任务。

在执行任务的过程中，我们要注意两个重要的事情：

第一个叫作避免发生中断。避免中断就是说在一个番茄钟的时间以内，你不能因为任何别的事情停下来。只要发生了中断，你这个番茄钟就算执行失败。

其实要做到这一点并不容易，我们经常会因为外来的干扰、临时插入的事情而发生中断。如果产生了中断怎么办？产生了中断，意味着你当前的这个番茄钟就作废了，这时你需要去重新开始一个番茄钟，继续完成事项。

第二个叫作执行完毕记录。在每完成一个番茄钟后，你就需要去简单记录一下。记录就是在这个钟的任务后面打上一个相应的标记，说明这个钟已经执行完毕。

第 4 步：每个钟结束后休息。

当一个番茄钟结束后，我们就要进行休息。那怎么休息呢？

（1）一个番茄钟结束后，休息 5 分钟。

为什么是 5 分钟呢？因为休息时间太短起不到效果，太长又会导致大脑的注意力无法回来。

推荐用以下几种方式进行休息：

第一种是活动身体。比如说伸展一下腰、捏一下头和脖子、做几个深呼吸，这是最简单也最有效的休息方式。

第二种是闭目养神。如果你觉得有一点累，可以靠在椅子上，稍微闭一下眼睛。有条件，也可以到床上稍微躺一下。

第三种是走动一下。可以在溜达的时候去上个厕所。

不推荐的方式包括：闲聊扯淡、看新闻视频和打游戏。而不推荐的原因就是一个：很难控制时间。一旦陷到里面去，要让大脑再次进入专注状态，需要花费更多时间。

（2）每 4 个番茄钟结束后，休息 15~20 分钟。

正常情况下每个番茄钟结束时，我们只休息了 5 分钟。但当我们执行了 4 个番茄钟后，则需要更好的休息和放松。因此，这个时候我们可以休息 15~20 分钟。

那我们可以干啥呢？只要不超过这个时间，你干什么都可以。可以去聊聊天、刷刷手机、外面转一圈，都可以。

第 5 步：循环第 3～4 步直至结束。

第 5 步就是不断循环，执行一个钟，休息一下，直至我们所有的任务结束。结束后还有一个很重要的事情，就是要简单回顾。我们可以通过以下问题进行回顾：

- 任务目标真正完成了没有？
- 实际花费的时间和预期的一样吗？
- 本次实施过程中，是否出现了问题？有没有发生中断？

通过回顾，我们才能积累经验，更好地使用番茄工作法。

3. 番茄工作法的常见问题解答

番茄工作法看起来非常简单，但执行起来并不容易。大叔用自己多年使用番茄工作法的经验，为大家解答一些常见的问题。

问题：我的专注力不太好，总是坚持不了 25 分钟就被打断。该怎么办？

解答：如果最开始坚持不了 25 分钟，你可以用 15 分钟甚至更短的时间来作为一个番茄钟，等自控力和抗干扰能力增强后，再逐步调整到 25 分钟。

问题：我的专注力比较强，每个番茄钟可以超过 25 分钟吗？

解答：最开始运用时，建议严格按照 25 分钟一个番茄钟来操作，帮助自己深刻理解这个方法。当熟练掌握后，可以根据自己的实际情况进行设定。比如波波羊大叔，我自己一般会按照 30~40 分钟来设定一个番茄钟。

问题：工作很投入，番茄钟结束时还不想休息怎么办？

解答：根据自己当前的状态决定就好。如果状态好，可以继续执行下一个番茄钟；如果有点累，那就休息。

问题：执行过程中，有人跑来问我一个问题，这算中断吗？

解答：算不算中断，取决于对你现在的事情有没有干扰。如果你直接拒绝或者一句话就回答了，可以不算中断；但如果你还需要花时间去思考，这肯定就是中断了。

问题：设定的番茄钟都用完了，但是事情并没有完成，怎么办？

解答：首先要分析原因，如是任务不清晰、安排时间少了或是其他问题。搞清楚原因后，重新确定任务，再次设定番茄钟去做就好了。

问题：番茄工作法能否用于时间跨度较长（如3天）的任务？

解答：对于跨度较长的任务，直接应用此法的效果不好。番茄工作法最适合用于1天以内的任务，因此对于时间跨度长的任务，我们需要把任务分解到每天，然后用番茄工作法完成每天任务就可以了。

问题：番茄工作法能否用于杂事和很简短的任务呢？

解答：可以。你可以在一天中找一段连续的时间，比如1~2个小时，然后设置番茄钟，集中完成所有的杂事和简短任务。

问题：什么样的事情不适合使用番茄工作法？

解答：两类事情不适合用番茄工作法：第一类是没有目标或目标不清晰的事情，比如你只是想休闲娱乐一下，没有明确目标；第二类是无法预估时间的事情。

5.3　抗击一切干扰

干扰是专注的大敌。往往你越想要专注，干扰就越会来找你。这时如果你没有相应的对策，那你就只能受到干扰的影响，无法保持专注。

1. 干扰从哪里来？

要抗击干扰，首先就必须搞清楚干扰会从哪里来。干扰源自两个方面：

第一个叫作外来干扰。

比如说你正在工作，手机放在身边。突然电话一响，你的注意力会不会受到影响？又比如你在专心做事，别人跑过来找你，要向你请教一个问题，你会不会受到影响？这些来自外部的干扰叫作外来干扰。

第二个叫作内在干扰。

第一种内在干扰，就是大脑里的各种杂念。我们的大脑很疯狂，你想让它安安静静不想事，行还是不行？不行。你可以这样试试：保持清醒状态，闭上眼睛，1 分钟内不做事也不想事，看看大脑中会产生多少杂念。

第二种内在干扰，来自你的情绪。比如说你现在特别烦躁，你能够专心工作吗？

第三种内在干扰，来自你的身体。坐久了累不累？工作久了要不要休息？对于这些，身体都会释放出相应的干扰信号。

2. 抗击干扰的方法

无论是外来干扰还是内在干扰，我们都需要有方法去应对。

下面，大叔将分享抗击干扰的三个大招：

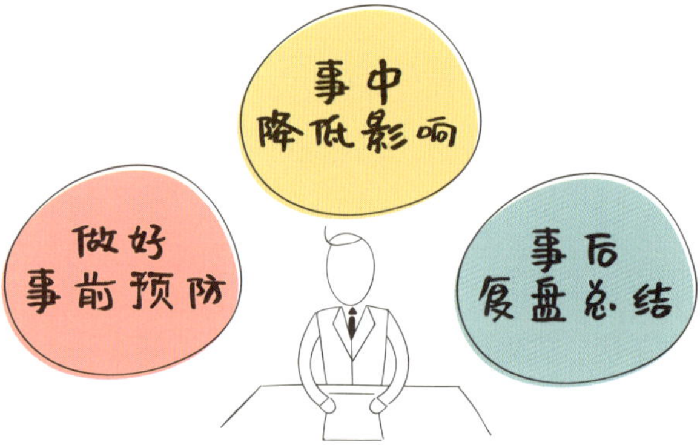

第一招：做好事前预防。

抗击干扰就和保证身体健康的道理一样，我们要做好事前预防，而不是等到生病了再去吃药。

首先，让我们看看如何来预防外来干扰。

（1）找一个干扰少的环境。

一个噪声小、人很少的环境，可以减少对我们的干扰。这也就是为什么多数高级管理人员会有一个独立办公室的原因。如果没有这样的环境该怎么办呢？你可以佩戴一副入耳式耳机，放一些轻音乐，从而降低外部噪声的干扰。

（2）把可能的干扰源都关掉。

大叔在准备做一件重要事情的时候，经常会先有以下行动：把手机设成振动或者静音模式，把桌面微信或 QQ 隐藏到最小或者关掉，把一切可能产生干扰的干扰源全部关闭。

（3）和身边的人提前打招呼。

当准备做一件重要的事情时，你不妨先和身边的伙伴打一个招呼，说一句“我要做一个重要的事，请尽量不要来找我”。打了这个招呼后，他一般就不会来找你，也就不会发生干扰。

对于内在干扰，我们也有以下方法来提前避免：

方法一：做重要事情之前，先调整好情绪和身体状态。

你可以适当休息一下，甚至可以先稍稍娱乐一下，让情绪和身体都进入一个比较舒服的状态。如果状态不舒服，当你一开始做事的时候，大脑就可能会提出抗议，甚至罢工。

方法二：对重要的事情，尽可能分配足够的连续时间。

我们应听过这样一句话：“一鼓作气，再而衰，三而竭。”这句话揭示的道理是，如果我们一直专注于做一件事，效果就会很好，而如果做一下又中断，效果就会不理想。

因此，如果要做的事情很重要，你就要为它分配一个连续的时间段。如果使用番茄工作法，那就分配几个连续的番茄钟。

第二招：事中降低影响。

即使做好了事前预防，我们也无法完全避免干扰的发生。比如你正在专心工作，老板一个电话打来，要找你谈点事情。这个时候，干扰已经无法避免，那怎么办呢？

我们可以用以下流程，来降低外来干扰的影响：

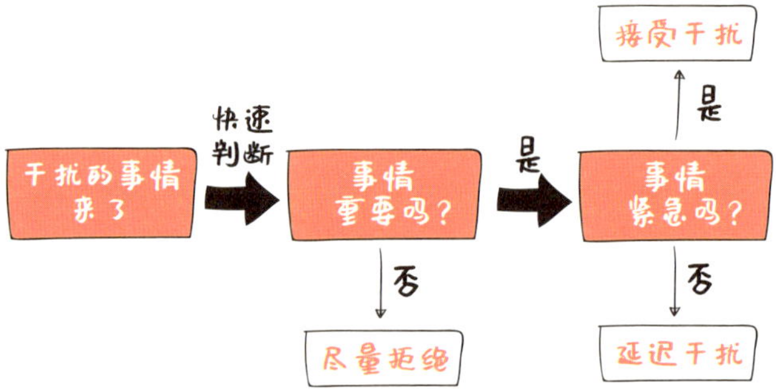

当干扰的事情来了，我们首先要判断干扰事情的重要程度。

如果这件事不重要，我们的策略就是尽量拒绝。比如在工作时，有同事找你讨论问题，你发现讨论的问题并不重要，那就坚决拒绝。

如果这件事情重要，我们跟着就要判断事情的紧急程度。

如果这件事虽然重要但并不那么紧急，我们的策略就是延迟干扰。还是上面的案例，讨论的问题重要，但是并不那么紧急，因此你先不进行讨论，而是和同事约定一个后续的时间讨论。

尽量拒绝和延迟干扰是降低干扰影响的两个核心策略。道理很简单，不重要的事情推掉，不紧急的事情晚点来做，这样就可以保证在做的事情不会因此被打断。

现在我们来看一个复杂一些的案例：你正在专心写一个报告，突然老板打来电话，要你去他的办公室讨论一个事情。你该怎么办？

多数小伙伴的回答是："好的，老板，我立刻来。"这种方式并不正确，因为这就是完全被干扰牵着鼻子走。

合理的回答是："老板，我现在正在写一个重要报告，能不能晚

15 分钟过来？”如果老板并不是那么着急，那你就成功降低了干扰带来的影响。

因此，对于任何外来干扰，我们都要有意识地去降低它的影响。根据它的重要性和紧急性，能拒绝就拒绝，能延迟就延迟。

事中干扰的第二种情况是来自内在。比如说你在写一篇文章，但写着写着有些烦躁，感觉写不动了。大脑已经发出了干扰的信号，那这个时候的处理流程是什么呢？

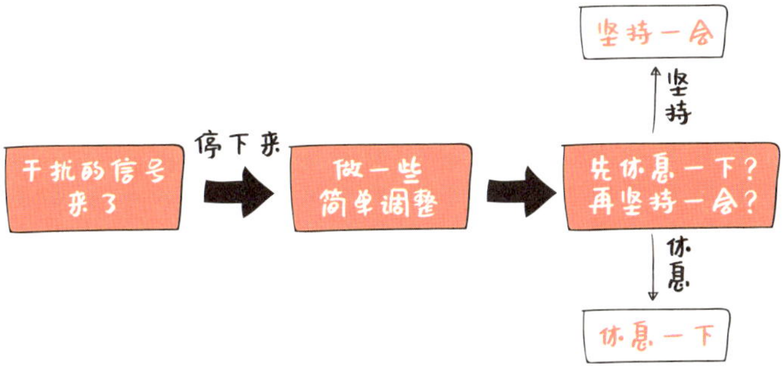

这个时候，我们首先要做的是停下手上的事，然后做一些简单的调整。常见的调整比如：揉揉头，晃动脖子，伸懒腰，捏一下肩膀。做这些调整，可以让大脑摆脱干扰信号的影响。

在调整的同时，要问自己一个问题：“是先休息一下还是再坚持一会？”这个时候大脑会理智地给出答案。如果答案是“先休息一下”，那就不用犹豫了，立刻去进行休息和调整；如果答案是“再坚持一会”，这个时候大脑也能欣然接受。

第三招：事后复盘总结

抗击干扰经常会失败。失败不可怕，可怕的是不知道原因。

每次抗击干扰失败后，我们都应该去做一个复盘总结：这次抗击干扰做得到位吗？什么地方做得不够？下次如何才能做得更好？

大叔以前就有过这样的经历：正在专心做事情，被老板一个电话叫到办公室去讨论问题，结果讨论的问题又没啥价值；复盘时一想，以后要先问清楚讨论什么再做决定。通过一次次的复盘总结，大叔抗击各种干扰的能力也越来越强。

5.4 常见问题解答

问题：我感觉自己的工作效率比较低，应该从哪里入手？

解答：

1. 回想工作效率低的情况，思考背后的原因：是目标不清晰、容易受到干扰，还是注意力有问题？

2. 根据提升效率的 4 个方法，从中选择一个开始行动。

问题：我工作时特别容易分心，怎么办？

解答：

1. 思考原因：是因为注意力不集中还是容易受干扰？注意力不集中可以进行专门训练，容易受干扰用本章讲到的方法。

2. 建议用番茄工作法试试。把工作分成若干个时间段完成，开始时每段时间设短一点（比如 15 分钟），看看实施的效果如何。

问题：我也想专心做一件事，但是工作性质决定我就是要立刻接电话、响应客户问题，这怎么办？

解答：有两个建议：

1. 在干扰较少的时候做重要的事。仔细观察一下，看看什么时候电话和客户问题会比较少，就定在这个时候做重要的事。

2. 在工作之余做重要的事，这个时候能更加专心。

问题：我的老板特别会“来事”，时不时找我一下，怎么办？

解答：这是最典型的外来干扰，处理方法有两个：

1. 要让老板清楚地知道，你正在做的重要的事是什么。

2. 根据老板事情的重要性和紧急性，适当拒绝或延迟。

问题：要做的事情比较困难，因此工作效率低，怎么办？

解答：本质上，这不是一个时间管理问题，而是一个能力问题。没有方法能让你提升效率。

合理的解决方式是重新思考、寻求帮助，或者降低要求。

落地行动指南

1. 不管事情有多少，牢记做完一件事情再做另一件。

2. 如果无法做到长时间专注做事，尝试使用番茄工作法。

3. 简单理解番茄工作法：选择一个任务，设置若干个 30 分钟（25 分钟工作 +5 分钟休息）来专注工作，中途不允许做无关事宜，直至任务完成。

4. 做重要事情前，提前做好抗干扰准备。

5. 当发生工作效率低的情况后，及时做事后复盘总结。

06 抗击拖延症

拖延本不是问题

但拖延症可是一个大问题

拖延，很多人都会有，本不是问题，但如果拖延到了一定程度，发展成为拖延症，那就是个大问题。

抗击拖延症，是成为时间管理达人的必经之路。

6.1　了解拖延

1. 拖延为什么会发生

拖延源自人性，拖延发生的根本原因是想逃避。

在我们的大脑里住着两个“小人”，一个叫“理智”，另一个叫“及时享乐”。

正常情况下，是“理智小人”在进行思考。

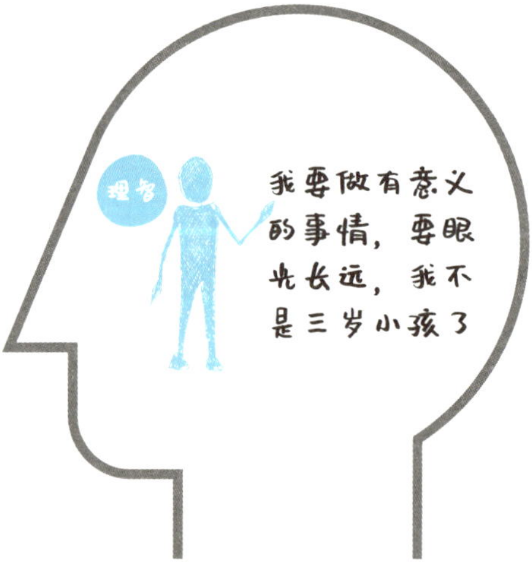

但是，当我们面临不快乐或是有压力的事情时，“及时享乐小人”就会来干扰“理智小人”的工作。

而干扰的结果，往往就会是由“及时享乐小人”说了算。

于是乎，拖延就这样发生了。

2. 拖延会造成的三种伤害

第一种伤害：误事。

比如一个重要的事情要去完成，我们应该提前行动，但我们一直到最后才手忙脚乱地去做，往往导致事情的结果不太好，所以误事。

又比如有些事情是有时间限制的，今天解决的价值和意义很大，但明天解决就没有什么价值和意义了。若因为拖延，导致事情没有及时解决，从而误事。

第二种伤害：影响人际关系。

我们做很多工作和事情时，都需要和别人合作。比如领导给你布置了一个工作，但是你却因为拖延没有如期完成，或完成的效果很差，这会不会影响领导对你的信任？

经常拖延的人，很少会有人和你真正做朋友，因为觉得你不靠谱。所以，拖延会破坏你的人际关系。

第三种伤害：怀疑自己。

经常拖延的人，会逐步养成拖延的习惯，不管大事小事都爱拖延。而这种习惯就会导致人在工作和生活中很难找到成就感，因此会越发不自信，怀疑自己，甚至出现自卑，从而让自己的工作和生活受到很大影响。

拖延越重要的事情，造成的伤害越大。

苹果公司的创始人乔布斯先生，56 岁时就因为胰腺癌去世了。其实他的病情发现得很早，如果及时治疗根本不会这么早去世。但是他却在这么重要的事情上也进行了拖延。

他不敢真正面对，不去医院治病，反而寄希望于用冥想、素食这样的方式去治疗，结果是经过 9 个月的拖延之后，他又不得不求助于现代医学。正是因为拖延，耽搁了治疗病情的宝贵时机，导致了他的早逝。

3. 快速测试自己的拖延程度

下面有 5 个问题，请看完问题后快速勾选对应的答案：

问题 1：你会对重要的事情拖延吗？

（1）几乎不会

（2）有时会

（3）经常会

问题 2：你能做到每天该完成的事情，当天都能完成吗？

（1）基本都能

（2）多数天数能

（3）一半天数不能

问题 3：你平时会对要做的日常小事拖延吗（比如扫地、整理办公桌等）？

（1）几乎不会

（2）有时会

（3）经常会

问题 4：你身边会有人因为拖延而批评你吗，不论同事、朋友还是家人？

（1）没有人

（2）1~2 个人

（3）3 人或 3 人以上

问题 5：你会因为拖延而自责吗？

（1）从不自责

（2）有时自责

（3）经常自责

现在，请将 5 个问题的答案对应的分数［答案（1）是 1 分，答案（2）是 2 分，答案（3）是 3 分］加起来，看看一共是多少分。

- 如果得分 = 5 分，恭喜你，你是不会拖延的超人；
- 如果得分在 6~8 分之间，还不错，拖延程度属于轻度；
- 如果得分在 9~12 分之间，有问题，拖延症属于中度；
- 如果得分≥ 13 分，有点糟糕，你是拖延症重度患者。

6.2　正确应对拖延

1. 面对拖延的正确态度

对于拖延，我们首先要做到的是接受。

拖延既然源自人性，那就意味着没有人能完全做到不拖延，就如同没有人是完美的一样。我们需要接受自己的不完美，需要接受拖延。

最不可取的做法就是对自己谴责，这样只会让自己更加害怕拖延，不敢面对拖延，甚至放弃自己。

其次，我们要真正想去改正自己拖延的毛病。

如果我们明知自己有拖延的毛病，却不去改正，那拖延就会像一块狗皮膏药一样，时刻粘在我们的身上，让我们无比难受。

拖延的毛病不是不可改正的。大叔自己很早之前就有严重的拖延症，比如平时不努力，临考之前才读书；又比如重要的事情不提早做，到最后要交活时才手忙脚乱。

在多次遭受拖延带来的痛苦之后，我深刻意识到：一定要学会抗击拖延，让它处于一个可控制的状态。

最后，要把愿望转换为持续的行动。

几乎没有人不想抗击拖延，但只有少数的人会真正行动。

原因很简单：抗击拖延，确实很麻烦。拖延与生俱来，所以抗击拖延不是一朝一夕，而是旷日持久。就如同终身学习一样，有几个人能够真正做到？

因此，我们需要掌握一套简单易行、人性化的方法。

2. 理解拖延的不同类型和发生原因

拖延的类型有两种，第一种叫作当下拖延。

什么叫作当下拖延呢？比如，你现在应该去学习了，但你却在刷微信，迟迟不动。这种要求立刻行动但却不行动的拖延，叫作当下拖延。

第二种拖延叫作长期拖延。长期拖延，是指你有一件重要但并不是需要立刻完成的事情，于是经常拖一拖而导致的拖延。

比如说，你要写一个重要的报告，这个报告要求星期五交。但是你一想，现在才星期一，时间还多着呢，于是不着急，先拖一拖；结果一直拖到周四才慌慌慌张张开始写。这就是典型的长期拖延。

哪种拖延相对容易战胜呢？相对而言，当下拖延更容易战胜。因为你只需要在当下这个时间点来说服大脑立刻行动就好了。而战胜长期拖延就比较麻烦，因为大脑只对近期的事情感兴趣，而对长期的事情则容易淡忘。

拖延发生的原因，也有两种：

第一种，主动原因。就是大脑不愿意动，想拖延。

你明明知道应该去干活，而且也不是不能干，但你就是不想干。这个时候，你会给自己找一堆借口，比如：有点累，心情不好，现在还有时间，需要再想一想，等等，总之就是要拖一拖。

主动原因，实际上就是没有真正的合理原因。

第二种：被动原因。因为客观情况，不得不拖延。

常见的被动原因包括：

- 现在正在忙别的事；
- 确实精力不济，做不了事；
- 把事情忘记了。

3. 抗击拖延的合理方法

很明显，抗击拖延不能靠“打鸡血”和“喝鸡汤”。

靠“打鸡血”，短期内会有改善，但“鸡血”一停，拖延会更严重；靠“喝鸡汤”，看一堆心灵治愈书籍、拖延症分析书籍，讲起来貌似头头是道，但面对拖延却一筹莫展。

真正能够抗击拖延的方法是要做到：

- 简单实用。不需要高深的道理，上手就能实际使用。
- 人性化。符合人性的方法，我们才会乐于接受。
- 容易坚持。要能长期使用，才能养成习惯。

6.3 抗击拖延的人性化方法——SAD

1. SAD 方法的流程

SAD 方法，是大叔在多年抗击拖延的过程中，总结出来的一套实用方法。我用这套方法，不仅让自己走出了拖延的泥潭，更帮助很多小伙伴改善了自己的拖延。

SAD 到底是一个什么样的方法呢？SAD 实际上就是三个英文单词的首字母大写。

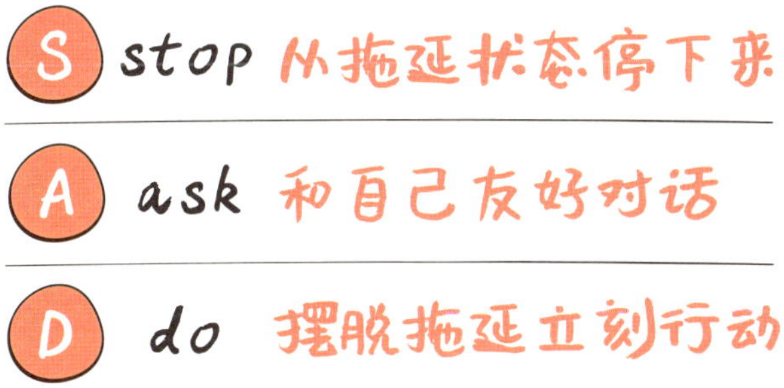

SAD，就是“停下来—问问题—行动”这三步。

让我们用一个实际案例来帮助大家理解 SAD。

假设你现在正在玩手机游戏，玩得很开心，但实际上你应该要去做作业了。那你怎么去克服由于玩游戏导致的拖延呢?

我们要做的第一件事情是 stop（停下来）。

你现在正在玩手机游戏，那就请立刻把手机放下来，停止玩游戏的行为。

为什么要停下来呢?因为如果大脑还沉浸在玩游戏的兴奋状态中，你怎么可能会去做作业呢?就算被迫做作业也是心不甘情不愿，很难进入做作业的状态中。

停下来，就是要停止现在的拖延行为，让大脑从拖延状态中切换出去，让“理智小人”恢复到正常状态。

我们要做的第二件事情是 ask（问问题）。

要问三个问题：①现在应该做什么?②如果不做会怎样?③要不要现在就去做?

第一个问题：“现在应该做什么?”这个时候，“理智小人”告诉我们，应该去做作业啦!

第二个问题：“如果不做会怎样?”“理智小人”思考的会是：“作业没做完，明天要被老师批评，很恐怖；作业没做完，今天晚上会睡得很晚，会有黑眼圈，好难过啊。”

第三个问题：“要不要现在就去做?”当问这个问题时，“理智小人”给出的答案是：“现在就去做吧!”

通过这三个问题，我们就和大脑做了一次友好对话，让“理智小人”成功关注和认可了做作业这件事。

我们要做的第三件事情就是 do（立刻行动）。

“理智小人”现在不再犹豫了，立刻开始做作业吧！

SAD 是不是很简单？大家明白了“停下来—问问题—行动”这个三步方法了吗？为了加深理解，我们再用一个例子来解析 SAD 的使用流程。

假设你吃完了晚饭，心满意足地靠在沙发上，拿出了手机开始刷微信，但实际上应该要去收拾桌子。这个时候怎么办？

第一步，stop。你把手机放在一边。

第二步，ask。你开始问自己三个问题：

1. 现在应该做什么？现在应该去收拾桌子。

2. 如果不做会怎样？不收拾桌子会被老婆骂，会不开心啊，最后我还是要去收拾桌子，而且越晚收越不好收。

3. 要不要现在就去做？立刻去吧。

第三步，do。现在开始行动，收拾桌子吧。

我们是不是又用 SAD 方法抗击了拖延？

2. 详解 stop：从拖延状态中停下来

停下来，是 SAD 中最基础的一步。如果连这一步都没有做好的话，那整个 SAD 方法就很容易实施失败，也就很难成功抗击拖延。

停下来的目的，就是要让我们的大脑从当前状态切换出来，恢复到一个正常的、清醒的思考状态。简单地说，就是让“理智小人”恢复到正常状态。

那我们怎么样才能达到这样一个目的呢？最重要的一点，就是

利用身体的调整，来带动大脑的调整。身体和大脑是相互联系的，身体的动作会对大脑有明显的影响。

因此，我们首先要做的事情，就是让身体从当前动作中脱离出来。比如说你现在正在玩手机，你就需要把手机放下来；你现在正在和别人闲聊，你就需要停止闲聊这个动作。通过这样一个停止，会给大脑一个信号，现在这件事情告一段落了。

但是，即使我们的身体停下来了，大脑还会在前一个状态中停留一段时间。因为脑科学已经验证，无论进入一件事情还是退出一件事情，大脑都需要时间。

那这个时候，我们要怎么办呢？有三种有效的方法：

第一种方法，做一些身体上的小运动。比如你可以站起来，伸几个懒腰、打几个哈欠；又比如可以离开座位，走上几步。这些身体上的小运动，会帮助你的大脑脱离之前的状态。

第二种方法，做与头部有关的运动。比如你玩手机有一段时间了，已经有点头昏脑涨。那你可以用手揉揉脸，捏两下头和脖子，也可以去洗把脸，再呼吸几口新鲜的空气。通过这些方法，可以帮助大脑恢复到一个清醒的状态。

第三种方法，做深呼吸。做深呼吸，是调整状态的最有效方法之一。松弛地坐下来或者躺下去，闭上眼睛，然后做 10 个左右的深呼吸，舒缓而不猛烈，直到让头脑恢复平静。当然，切记不要睡着。

让自己停下来的方法还有很多，大家不妨根据自己的情况多去实践。

总结一下，在 stop 这个步骤，我们首先要让身体停下来，再让

大脑停下来。这样，才能把大脑的状态切换过来，恢复到一个平静、理智的状态中。

3. 详解 ask：和大脑进行友好对话

问问题这个步骤是 SAD 中最重要的一步。

这个步骤的目的，就是要让大脑真正去选择和接受应该做的事。自由恋爱一般都会比包办婚姻过得幸福，因为这是你自己的选择，你会愿意为自己的选择付出更多的努力。

首先来看第一个问题：现在应该做什么？

问这个问题的目的，就是让大脑去思考，选择要做的事。

如何选择呢？大部分情况下，可以遵照大脑的第一感觉，大脑中蹦出来的那件事情是什么，那就是什么；如果一下子想不清楚，可通过思考“哪个事情最紧急？哪个事情最重要？”来找到应该去做的事情。注意，这个问题的回答一定要快，不要纠结。

有的时候，我们其实知道应该去做某件事情了，无须选择。那这个时候我们可以把问题调整一下，改为“我们应不应该去做某事？”比如，我们知道自己应该去学习了，那我们就可以问自己：“我们应不应该去学习？”

其次来看第二个问题：如果不做会怎样？

问这个问题的目的，就是通过放大不去做的痛苦，从而增强立刻做的渴望。

在这个问题上，你可以发挥自己的想象力，适当放大痛苦。

比如说，你要做一个工作报告，可以这么思考：这个报告老板很关注，要是还不做那就要加班加点，让自己好累；如果没做好还会被老板批评，说不定还会扣工资，还是尽快做吧。

又比如说，你要去读书，可以这么思考：不读书怎么行啊？我这一个星期都没读书了，这样落后了啊。我答应了自己，今天要读完，不读那就是赤裸裸地打脸啊！现在不开始读，这又是拖延啊！不行啊！

成功回答了第二个问题后，第三个问题就会变得很简单。

最后来看第三个问题：现在要不要去做？

如果成功回答了第二个问题，那在 70% 的情况下，第三个问题的答案都会是“现在要去做”，这时我们就可以进入 do 这个步骤中。

但是还会有 30% 的可能产生另外两种答案：第一种，我推后一点时间再做；第二种，我暂时不考虑做这个事。

那怎么办呢？我们将在 do 的这一步中进行相应处理。

4. 详解 do：摆脱拖延，立刻行动

到了 do（行动）这一步，我们的选择只有三个：

第一个选择，立刻行动。

如果大脑已经认定了可以立刻行动，那去做就好了。

要注意，就算大脑认定现在应该立刻行动，但从认定到实际行动还可能会有一些延迟。这个时候，就要用到“倒计时法”来帮助我们动起来，“倒计时法”在后面将详细讲解。

第二个选择，延迟一段时间再行动。

延迟分两种情况：一种情况是比较短的时间延迟，比如说延迟5分钟、10分钟。另一种情况，可能会延迟一段比较长的时间，比如从上午延迟到下午、从今天延迟到明天。

对于两种延迟我们都需要当心，一个不小心又会变成拖延。这个时候，就要用到“延迟法”来帮助我们去落实这个延迟的行动。延迟法我们也会在后面详细讲解。

第三个选择，暂时不考虑这件事的行动。

这意味着，我们这一次的SAD方法实施失败。

为什么会这样呢？有可能是客观原因，也有可能是主观原因。而这个时候，我们用“替换法”就是最佳的选择。

最后总结一下：

stop——停下来。这个步骤是SAD的基础，目的是让大脑从拖延的状态中切换出来，恢复到一个正常的、清醒的思考状态。

ask——问问题。这个步骤是SAD的关键，目的是让大脑真正去选择和接受应该做的事。

do——行动。这个步骤就是把想法落实为行动，去做。

6.4 快速抗击拖延的扩展方法

为了更好抗击拖延，我们需要进一步掌握以下扩展方法：

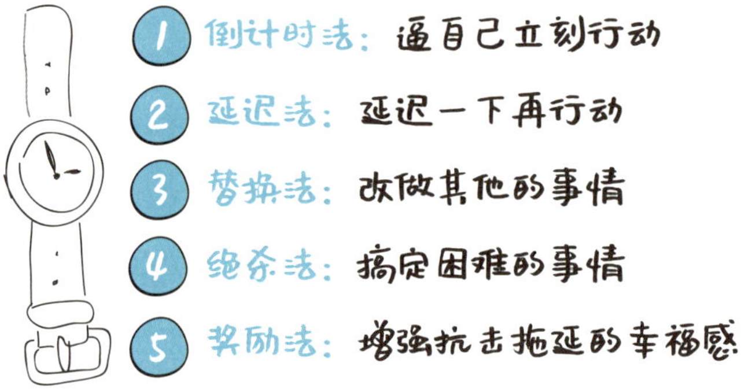

1. 倒计时法：逼自己立刻行动

当我们抗击拖延的时候，经常会遇到这样一个情况：我们已经成功说服了大脑，要立刻开始行动。但是，我们还是一下子动不起来。

比如说你告诉自己要起床了，大脑也完全同意了，可是，还是一下子起不来。又比如说，你现在在玩手机，通过 SAD 方法你告诉自己应该干活了，大脑也同意了，但还是在盯着手机。

这时应该怎么办呢？我们一定要逼自己一把，让自己立刻动起来。而这个逼自己的撒手锏，就是倒计时法。

倒计时法就是我们用五个数字来进行倒数，5—4—3—2—1，当“1”结束后我们就立刻开始行动。

借用上面的例子，我躺在床上，通过 SAD 方法已经告诉自己要起床了，但还是起不了床。那就不妨心里默念：“我马上就要起床，倒计时开始。5—4—3—2—1。”当“1”结束时，立刻起床！

倒计时法非常有用，它是抗击拖延的临门一脚，让立刻行动变为现实。那倒计时法为什么会起到这么好的作用呢？

因为从小到大，我们已经养成了这样一个习惯，一旦倒计时结束就会立刻行动。比如参加跑步比赛，是不是倒计时结束时就要跑出去？又比如火箭发射，是不是倒计时结束时就会发射？

倒计时，就是给大脑一个明确的信号，一旦倒计时结束，就立刻行动。在 SAD 的过程中插入倒计时法，可以让自己立刻行动起来。

2. 延迟法：延迟一下再行动

抗击拖延时，经常会碰到这样一种情况：我们已经确定要去做一件事情，但很难说服大脑马上去干。

发生的原因大致分两类：一类原因就是因为还是想要偷偷懒；而另一类原因可能是因为状态不好、身体太累、现在有事等，导致不能立刻干。不管何种原因，总之就是要等一等。

那这个时候怎么办？我们就需要使用延迟法。**延迟法，就把做这件事情的时间往后做一个延迟。**

根据延迟的时间长度，可以分为两种情况：第一种是**短期延迟**，延迟比如 5~10 分钟，最长不能超过半天；而第二种是**长期延迟**，延迟的时间会超过半天，比如从上午延迟到下午。

无论延迟多长时间，都是一种潜在的拖延，一定要当心。很多人都有这样的经历：一个事情说好了今天要干，因为种种事情拖到了明天；而到了明天以后，又拖到后天，这样事情的完成就变得遥遥无期。

那么，在使用延迟法时，我们要如何去避免这种情况的发生呢？我们可以使用一个三步法。

第一步，明确延迟后的行动时间点。

比如现在是下午 5 点钟，你打算延迟 10 分钟来做这件事，因此行动时间点就是下午 5:10。

又比如你要把一件事从今天延迟到明天，那么明天这个具体的行动时间点是什么时候？你需要进行一个定义，比如把这个时间点定为明早 9:00。

明确行动时间点，才会让大脑真正重视。

第二步，把事情和行动时间点写下来，并让自己看得见。

大脑是健忘的，只关注眼皮子底下的事情，而并不会关注长远的事情。因此，我们一定要把事情和时间点写下来，并且让自己看得见，这样才能反复提醒大脑。

你可以用多种方式来实现：

第一种，如果行动时间点比较近，可以在手机里上个闹钟，闹钟一响就去做。

第二种，把行动时间点和事情写到一张便签纸上，再把便签纸贴在最显眼的位置，让自己很容易看到。

第三种，如果你已经有使用待办事项列表的习惯，可以在列表中进行记录。

第三步，定期查看写下的事情，到时间就立刻去做。

在查看的时候，发现行动时间到了，那就应该立刻去做！

通过使用这三步方法，我们就不太容易再次发生拖延了，延迟得到了有效的控制。如果万一又一次发生了拖延，怎么办？

那就再次使用 SAD 方法，并进一步放大痛苦。可以这样对话："我已经延迟一次了，不能再延迟了。越延迟越糟糕！"

最后，要补充一个重要的经验：我们要学会尽可能把延迟的时间缩短。一件事情延迟 5~10 分钟，肯定比延迟 1~2 个小时要好控制。尽可能缩短延迟时间，也会增强立刻行动的决心。

3. 替换法：改做其他的事情

在抗击拖延的时候，我们经常会碰到这种情况：按照本来的安排，现在应该做这个事。但是，大脑就是不愿意去做，哪怕通过 SAD 方法沟通也无法达成共识。

人不是机器，我们有自己的情绪。在这种情况下，一味逼着大脑去接受这件事，那结果将会非常不愉快，因为大脑会一直处于对抗的状态。这就像教育孩子一样，如果只是打骂是没有用的，还是要和孩子讲通道理，让他接受。

那这个时候怎么办呢？我们需要使用替换法。替换法，就是用大脑可以接受的事情，来替换当前要做的事。

替换法，可以按照以下的步骤来操作：

首先，我们要停下来，明确告诉自己："我们不去做那件不喜欢的事情了，请恢复平静。"这样，我们的大脑就会从抵抗的状态中切换出来。

其次，问自己问题："我们还有其他该做的事情吗？"

得到可能要做的事情后，再问自己："我们是否愿意现在去做这件事？”这样，我们的大脑就会去选择新的事情。

最后，立刻行动，去做新选择的事情。

4. 绝杀法：搞定困难的事情

大脑是害怕困难的，在碰到困难的事情或者困难的状态时最容易发生拖延。这个时候怎么办？

我们可以在 SAD 流程中加入一个方法，叫作绝杀法！绝杀法，就是专用于搞定困难的事情或者克服困难的状态！

给大家分享一个大叔的亲身案例。

一天晚上，到了 11 点的时候，我检查自己今日应该完成的事项列表，结果发现有一个事情还没有做完。那就是有一个教学课件还未写完。

在这个时候，我有两个选择，第一个选择非常容易。比较晚了，有些累了，那就休息吧，这也不是太大的事，明天再说。而另一个选择就有点难。今日事今日毕，坚持一下，把该做的事情做完。

于是，我就开始和自己进行 SAD 对话。但在对话的过程中，我大脑中那个“及时享乐小人”总在念叨：“今天已经做了很多工作啦，太累了，休息吧，明天来得及……”所以，SAD 的实施过程并不顺利。

在这个关键时候，我果断放大招，和自己说了两句狠话：“为什么今天就不能搞定？我今天一定要搞定！”

这两句话一出，“及时享乐小人”就不作声了。于是我就开始认真写课件，一个小时就完成了任务。

这就是绝杀法。当你觉得困难的时候，使用绝杀法，可以让自己坚定信心，开足马力。当然，使用绝杀法要注意两件事：

（1）要绝杀的事情不能太难。如果你用尽全力还干不完事情，那实际上就反过来把自己给干掉了。

（2）要设定一个明确的目标。绝杀这个目标后就要立刻休息。绝杀是激发自己的潜力，不能长时间使用。

5. 奖励法：增强抗击拖延的幸福感

当知道完成一件事情后会有奖励时，我们就会更有动力。

我们是否有过这样的体验：如果知道再学习一小时，就可以出去痛痛快快地玩，那么这一小时的学习就会变得很容易。因此，我们可以针对抗击拖延的行为，适当给予自己奖励，这个方法就叫作奖励法。

举一个例子，假设今晚按计划你应该去健身房锻炼身体，但是却有些累，不太想去了。于是你就开始使用 SAD 方法，通过和自己的对话，大脑有点想去了，但还是举棋不定。

这个时候，你就要给大脑来点奖励刺激：“如果今天晚上我去了健身房，健身后我就奖励自己一个最爱吃的蛋糕！”大脑收到这个奖励后，就愉快地决定了：去健身房！

为了抗击拖延，我们不仅要适当放大痛苦，也要在关键的时候给自己来点奖励，一方面坚定抗击拖延的决心，另一方面增强抗击拖延后的幸福感。

奖励法有几个要点要注意：

（1）奖励一定要是大脑感兴趣的。

奖励形式可以多种多样，比如奖励好吃的、奖励自己去看一场电影、奖励自己去网购点东西，还可以奖励自己今晚早睡，等等。总之只要大脑感兴趣，这个奖励就设对了。

（2）奖励一定要很快就能兑现。

大脑对眼前的事情更感兴趣，因此我们可以设定在一天内进行奖励兑换，甚至可以考虑在做完下一件事后就进行奖励。总之，奖励兑现的原则，就是越快越好。

（3）不要时时刻刻使用奖励。

如果我们养成了凡事使用奖励的习惯，那一旦不奖励，我们就会丧失更多的动力。同时，奖励太多，大脑会变得审美疲劳，奖励的刺激作用会变得越来越小。

因此，平时抗击拖延时尽量不要用奖励，而面对重要的、困难的事情时我们再来使用。

6.5 如何抗击长期拖延

当我们要去做一些费时比较长又不需要很快完成的事情时，最容易发生拖延，这就是长期拖延。

比如你计划了这个月要读4本书，但总想着不着急、有时间，结果到了月末一看，一本都没读完。这种情况比比皆是。

要避免长期拖延有些麻烦，因为大脑对于长期的事情本能性地不感兴趣。那怎么办？大叔教你四大法宝。

第一个法宝叫作“写下来”。

费时较长的事情最容易忘，因此我们一定要写下来。还记得待办事项列表吗？这就是一种典型的“写下来”。

你可以用一个小本子，把这些事情记录下来；或者使用电脑上的相应工具，把事情写进去。大叔喜欢使用云笔记，方便记录和查阅。

那我们要写什么呢？要写下最关键的三点：①这是一个什么事？②这个事情要做成什么样子（或者要达成什么目标）？③什么时间前要完成这个事？

当你写下这三点时，就完成了对事情的一次总体思考。

第二个法宝叫作“动起来”。

当我们碰到一个费时较长的事情时，经常不愿意动。不愿意动的原因主要有以下几个：

- 这个事情有点困难，我还是先放一放；
- 我有点追求完美，现在还没想好，什么时候想好了再动；
- 时间还早，不用着急，以后再做还来得及。

无论哪个原因，造成的结果都是拖延。要破解这种情况，就要尽快动起来。这就如同要跑起来，先要迈出第一步。

如何动起来呢？可以和自己进行反复对话：“这事没有那么难，我们不需要完美，只要先动起来就好。”通过这种心理暗示，动起来就会比较容易。

动起来后做什么呢？一般是先思考这件事情大致要怎么做，然后做一点基础的工作。比如你要写一个很难的报告，可以先想想这个报告大致要写什么，不需要精准；然后拟一个初步提纲或者写一个开头都可以。

第三个法宝叫作“经常看”。

光写下来是不够的，我们一定要经常去看。

看的时候要做两件事：一是强调事情的重要性，这样才能让大脑持续保持关注；二是分析事情的最新进展和剩余时间，这样会增强大脑的紧迫感。

经常看，就不会忘！

第四个法宝叫作“做计划”。

对于一个费时较长的事情，我们一定要学会做计划。做计划的根本就是把要做的大任务分解为一个个小阶段，并确定阶段的目标。

比如你希望这个月读 4 本书，怎么做计划呢？我们可以分解到 4 个星期，每个星期读 1 本书；甚至我们可以分解得更细一些，每天我们要读 40 页，这样才能保证一周读完一本 200 页以上的书。

关于如何做计划，前面已经讲得太多了，不再赘述。

6.6 如何养成不拖延的习惯

养成不拖延的习惯，要靠八个字：摆正心态，坚持行动。

1. 摆正心态

心态不对，习惯就不可能养成。养成不拖延的习惯，我们要摆正三个心态：

第一个心态：接受自己的拖延。

拖延源自于人性，大多数人都会有，很少人能够完全做到不拖延。因此，拖延并不可怕，更不是一个可耻的事情。

接受自己的拖延，我们先要做以下两件事：

（1）测试自己的拖延程度。不要把自己盲目地定义为拖延症重度患者，通过前面的测试，清楚知道自己的拖延程度。

（2）认真思考以往应对拖延的态度。在发生拖延的时候，自己习惯性的想法是什么？会做些什么？常用的借口是什么？通过这些思考，会让自己面临拖延时，有更清醒的认识。

第二个心态：愿意直面拖延。

只要你愿意去面对拖延，积极思考和行动，不管是否成功抗击了拖延，都是对自己的一次提高。

在拖延发生后，需要进行反思。如果这一次战胜了拖延，我们可以思考：“为什么战胜了拖延？成功经验是什么？”如果这一次没有战胜，我们也要思考：“为什么没有战胜拖延？教训是什么？”

每一次的反思，都是对自己的深入了解和解析。反思越多越深入，就会让自己越发不害怕拖延，愿意去面对它和战胜它。

第三个心态：欣赏自己的进步。

自己的进步都看不到，坚持还有什么意义？

就像大叔自己，最早也是一个经常拖延的人，不管大事、小事都可能拖延。但后来通过不断实践，发现自己逐步有了改变，很开心。而正是由于开心，才让自己坚持下去，做出更多的改变。这样，就形成了一个正循环，养成了一个习惯。

抗击拖延的过程就是建立信心、欣赏自我进步的过程。越能欣赏进步，信心就会越来越强，就越能成功抗击拖延。

2. 坚持行动

要养成不拖延的习惯，不仅要摆正心态，更要坚持行动。对于坚持行动，有三点建议：

第一点建议，从小事开始，从不困难的事情开始。

大叔曾经是一个吃完饭迟迟不愿意收拾桌子的人，曾经是一个出去玩一趟回来不愿意洗手的人。原因只有一个：拖延。

通过对这些小事的抗击拖延练习，就能逐步养成抗击拖延的意识和习惯，也会让自己觉得抗击拖延并不难。

第二点建议，坚持使用 SAD 方法抗击拖延。

SAD 方法非常简单，而越简单的方法大脑就越容易接受。

坚持使用 SAD 方法，会让我们的大脑建立一个全新的思维习惯：遇到拖延时不是消极逃避，而是积极面对；不是放任不理，而是理性处理。

第三点建议，定时做记录和反思。

告诉大家一个小秘密，我曾经有一个小本子，专门用来记录自己抗击拖延的情况。

每一次抗击拖延后，我就会在这个本子上打上一个勾。而每一个星期，我都会做一次反思，反思自己抗击拖延的情况和经验教训。我会把这些反思写到这个本子上，做一个记录。

当自己定期回顾这个本子的时候，我会发现抗击拖延并不如想象的那么难，我已经多次成功抗击了拖延。同时，我也会从中汲取失败的教训，让自己未来做得更好。

拖延并不难战胜，难的是我们不愿意去真正战胜它。

摆正心态，坚持行动，我们就能养成不拖延的习惯！

落地行动指南

1. 当发生拖延时，使用 SAD 方法和自己对话。

2. 如要促使自己立刻行动，倒计时“5—4—3—2—1”很有效。

3. 对于必须搞定的有难度的任务，可以使用绝杀法和奖励法，双管齐下。

4. 对于当下不得不拖延的任务，用延迟法和替换法。

5. 从小事开始，做到小事不拖延，从而逐步提升抗拖延能力。

07

掌握职场规范

职场规范，是高效工作的套路

让你的工作事半功倍

7.1 认识职场规范

什么叫职场规范？简单讲，就是职场工作的标准模式。

掌握职场规范非常重要。为什么有的人在职场上发展得很好？因为他会使用这些规范，让自己在职场中做事有效率、结果也更好，升职加薪他就是常客。

那不懂职场规范会怎么样呢？不懂规范的人，做事没有章法和标准，想到哪里打到哪里，于是工作效率低、结果不可控。

下面，大叔要给大家带来7个最重要的职场规范。这些规范对应职场中的最常见场景，先来总体认识一下。

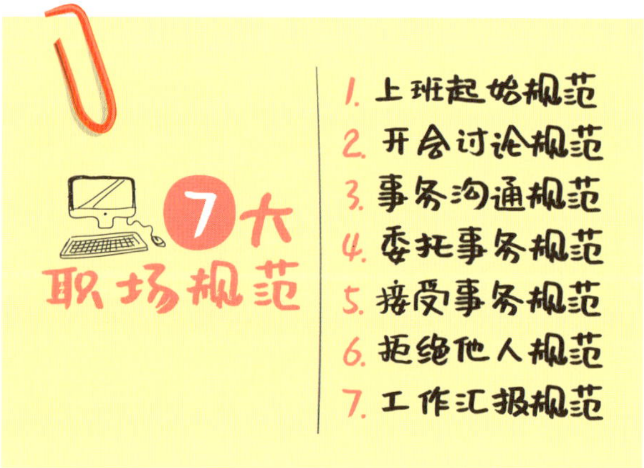

7.2 上班起始规范

很多职场人，上班迟迟无法进入状态。踩点到公司，慌慌张张吃个早饭，再和小伙伴拉拉家常。啥时才能进入工作状态呢？

上班开始时，快速进入工作状态很重要。要实现这一点，大叔教你三个关键方法。

方法一：早一点，快一点。

早一点，就是要早一点来到公司，早 15 分钟比较理想。

快一点，就是要快一点把杂事做完。比如：

- 把早饭吃掉，再给自己倒一杯水；
- 把自己办公桌的桌面清理一下；
- 有先来的同事，可以顺便聊两句。

注意，不要去干花费很多时间的事，比如闲扯、刷手机等。

干完这些事情后，上班时间一到，就开始正式上班，这个时候你的状态就会变得很棒。

方法二：工作从计划开始。

正式进入工作了，一开始你要做什么呢？

先开始做今天的待办事项列表或者日计划。磨刀不误砍柴工，先做好计划，帮助自己理清当天的工作重点和思路，这是必须放在第一位做的事。

如果你在前一天的晚上已经做好了计划，那这时就可以先审视一遍已经制订的计划，然后按照计划顺序开展工作。

从计划开始，你给自己的大脑就上了一个发条，明确了要做的具体事情及其顺序，同时也帮助自己进一步进入了状态。

方法三：专注做好第一件事。

整理好计划后，你要做的第一件事是什么？一定是眼下最紧急最重要的事，盯住这个事情开始做。

特别强调，你要专注把这件事做完，没做完之前不要换成其他的事。做好第一件事情非常重要，开头顺往往就一天顺。

7.3 开会讨论规范

1. 开会的常见问题

开会，在职场中发生频率特别高、花费时间特别多。很多公司开会讨论是家常便饭，貌似每天不开会就不正常。

但比较讽刺的是，多数会议的问题特别明显：

（1）效率很低。开会流程冗长，把人开得云里雾里；一小时可以开完的会，偏偏开成了两个小时。

（2）没有结果。很多会开下来，就是一堆人开了一个茶话会，根本就没有结果。

（3）过度开会。要讨论一个问题，开会；要通知一个事情，开会。其实，很多会完全可以不开或者小规模开就好。

造成这些问题的核心原因有三个：

第一，开会目标不清晰。80% 的会议之所以失败，就失败在会议的目标不清晰。没有清晰的会议目标，为什么要开会？

第二，时间控制不到位。很多会议的开会流程松松散散，想到哪里开到哪里，没有控制，时间花了大把，效果却不理想。

第三，没有激发与会人员。很多会开得死气沉沉，大家都闭口不言，没有参与感，会议的效果可想而知。

2. 开会的正确方式

根据多年开会经验，大叔总结了一个非常有效的开会法，叫作“三八开会法”。

“三八开会法”的目的就是要把会开得像过妇女节一样，开心、成功。

“三八开会法”的总体模式如下：

“三”代表开会有三个关键的阶段，分别是开会前、开会中和开会后。这三个阶段做到位了，那会议肯定成功。

“八”代表开会有八个重要的事项：

●开会前，要做好会议设定，并进行提前通知；

●开会中，要做好四件事，分别是会议宣布、控制时间、共同参与和总结成果；

●开会后，则需要发送总结和收集反馈。

下面用一个真实案例，说明如何运用“三八开会法”开会。

波波羊大叔计划于10月31号在网易云课堂上做一场直播。我们需要针对这场直播活动开一个准备会

（1）开会前：会议设定。

会议设定需要设定五个关键要素：会议目标、参会人员、会议时间、会议负责人和会议主持人。

特别注意，一个会议一定要有会议负责人和会议主持人。

会议负责人要负责会议设定、保证会议目标的达成，而会议主持人则需配合负责人来控制会议进程。对于规模大一点的会议，建议把会议负责人和会议主持人分设两人，相互配合。

针对本案例，完成的会议设定如下：

会议目标：落实具体分工，思考如何达成1000人的直播

参与人员：8人

会议时间：10月14日下午2点至3点，计划用时1小时

会议负责人和主持人：波波羊大叔、波波羊小助手

做完会议设定后，要进一步落实会议的具体流程和细节，在此不再进行详述。

（2）开会前：提前通知。

做完总体设定后，我们就要提前通知所有参会人员。

开会通知，要尽早进行。一般要提前1天进行通知，即明天开

会今天就要通知。最怕的就是一拍脑袋，临时开会，这样大家都会“懵圈”，效果肯定不好。

要提前通知哪些内容呢？必须包括的是会议目标、会议时间、参会人员。对于以讨论为目的的会议，还要包括一个很重要的内容：要求参会人员提前做哪些准备。做好准备，讨论的效果才会好。

针对本案例，我们希望与会者提前思考什么呢？

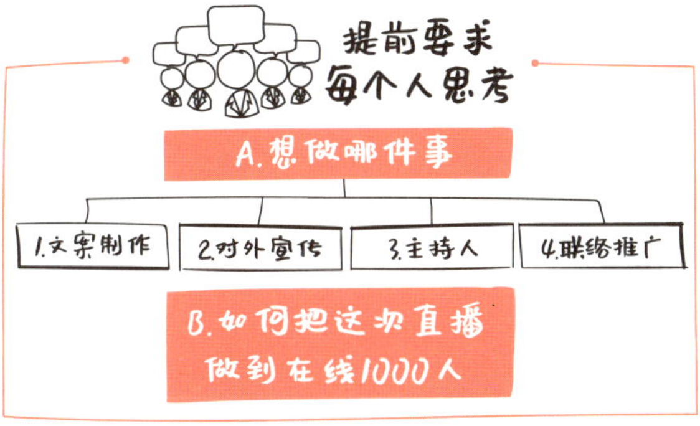

既然会议目标是要落实分工，那我们就可以让大家提前思考自己想要从事的工作，自己来选比临时分配效果更好。

既然直播目标是要开一场1000人的直播，因此我们也希望与会者提前想一想，有什么方法来达成这个目标。

（3）进入开会时：会议宣布。

进入开会时，我们首先要宣布会议正式开始，然后再宣布以下重点内容：

- 会议主题、目标和流程；
- 会议的负责人、主持人；
- 会议的规则：比如提醒手机设为静音、约定如何进行提问等。

针对本案例，要宣布的内容如下：

会议主题：讨论波波羊大叔10月直播活动安排

会议目标：1. 确定活动方案　2. 落实后续分工

会议流程：

1. 活动方案说明（20分钟）——负责人：活动负责人

2. 活动方案讨论（30分钟）——负责人：会议主持人

3. 明确分工和最后总结（10分钟）——负责人：活动负责人

会议负责人和主持人：波波羊大叔、波波羊小助手

会议规则：全程手机静音，讨论阶段可自由发言

（4）开会中：控制时间。

在会议的召开过程中，主持人需要控制会议的时间，避免偏离主题和超时。

控制时间的要点如下：

●控制每个阶段的时间。如果每个阶段的时间不超时，会议就不会超时。

●控制个人的发言时间。需要明确规定，每个人每次只有 x 分钟进行发言。特别要注意那些会讲的人。

●提示阶段即将结束。当每一个阶段的时间快用完时，主持人要提醒各位与会人员“本阶段快结束了”。这样与会者就知道，有话要赶快说，不然就没有机会了。

（5）开会中：共同参与。

要开一场成功的会议，与会者是否积极参与非常关键。因此，我们要用多种方法来激发与会者的参与度。

以下是激发与会者参与度的四种常见方法：

方法	方式	优点	缺点
点名发言	现场点名，被点名者回答问题	给与会者一定压力，端正听讲态度	不能激发深度思考
各抒己见	抛出问题，让与会者根据问题陈述观点	可以听到更多观点	只有最活跃的几个人会发言
分组讨论	分成小组，让组长组织小组内讨论	参与度高，提升会议氛围效果明显	对组长有要求，耗时长
头脑风暴	抛出话题，让与会者自由想象和发言	能产生创新思考	复杂，难以控制

（6）开会结束前：总结成果。

会议快要结束时，我们一定要总结本次会议的成果。

那么怎么来做会议总结呢？

首先，确定会议成果。

在会议最开始的时候，要指定一位会议记录人，他要负责记录会议中讨论的核心事项和达成的决议。

在这个环节中，会议记录人需要复述记录下的核心事项及达成的决议，同时请相关负责人进行确认，确认后的内容就是最终有效内容。

其次，评价会议总体情况。

这个环节由会议负责人完成，需要评价会议的目标完成情况、耗时情况，还可以对会议中的活跃参与者进行表扬。这就是对会议的复盘总结。

最后，布置后续事宜。

如果会后有后续事宜要处理，那会议负责人就要在会议的最后部分来完成布置。布置后续事宜时，要做到每件事都要有相应的负责人。现场要和负责人确认安排并进行简单答疑，现场不能答疑的会后单独沟通。

（7）开会后：发送总结。

会开完了，不代表事情就完了。会后要做的第一件事叫作发送总结，给所有参会者、未参会但需知晓本会议的人员发送会议总结。

发送总结普遍使用邮件方式，有以下几个原因：

- 邮件的方式相对正式，容易引起重视；
- 邮件发出以后，就会留到对方邮箱里，不会丢失；
- 邮件发出以后，不论你看不看，已经完成正式告知。

所以，发送总结多用邮件方式，少用微信、QQ 等方式。

（8）开会后：收集反馈。

开完会后，如果我们还想请大家提一些建议，那这个时候就要来收集反馈。

收集反馈只需要在发送总结的邮件中，适当增加以下内容：

●提出收集反馈的原因。说清楚原因，大家才会重视。

●列出需要反馈的问题。问题要具体，而不是泛泛而谈，这样你才可能收集到真正有用的反馈。

●附加要填的反馈文档。有一个标准格式的反馈文档，收到的反馈就会更有效。

最后，对于所有提交反馈的人，都要给予回复表示赞赏，否则以后反馈的人将会越来越少。

7.4 事务沟通规范

每天我们都需要进行大量沟通，但沟通中却往往存在以下问题：沟通混乱，效率差，甚至没有结果。

因此，我们需要掌握事务沟通规范，它能帮助我们实现清晰有效的沟通并达成共识。

要做到清晰有效的沟通，核心就是三点：

●沟通目标明确。沟通不是闲聊，一定要有明确清晰的目标。目标不清晰，那沟通本身就没有意义。

●沟通逻辑流畅。逻辑不流畅，别人就很难理解你要表达的是什么，沟通会变得困难。

●充分进行倾听。沟通中只有一个人讲，另外一人没有倾听也不进行反馈，沟通就无法达成共识。

下面，让我们用一个案例来看看如何具体进行沟通。

案例：你的下属最近表现不太好，要和他进行沟通

1. 正式沟通之前，要明确事实和设定沟通目标

明确事实超级重要。如果事实都没有了解准确，还能沟通出什么样的结果呢？

明确事实以后，我们就要确定沟通的目标是什么。这个目标应该和事实之间有着直接联系。

针对本案例，正确的沟通目标如下：

本次的沟通目标：

（1）点醒他，指明不在状态的实际情况；

（2）作为领导，提醒他注意自己的状态，分析原因；

（3）看能否给予他什么样的帮助，帮他早日恢复状态。

2. 安排合适的时间，进行正式沟通

沟通的五步流程如下：

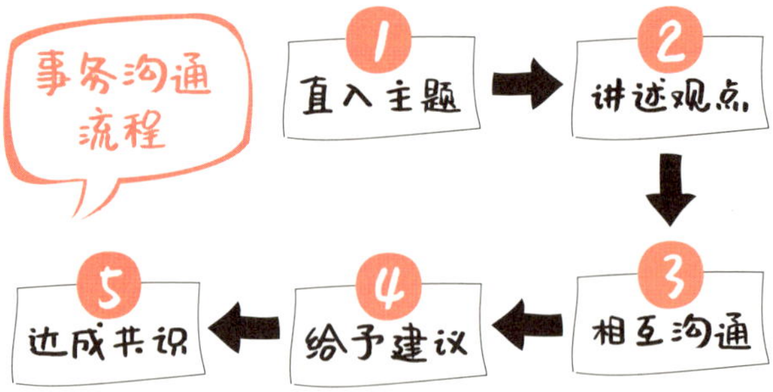

第一步，直入主题。沟通就像开一个小会，上来就要说清楚沟通主题。

很多人喜欢拐弯抹角，因为开始总觉得不好意思批评人，于是先做铺垫。但是，绕圈子其实没用，只会白白浪费时间。

针对本案例，用真诚但不激烈的方式直接开场最好：

“最近我注意到你的工作状态不是太好，让我们来聊聊吧。”

第二步，讲述观点。直入主题后，你就要讲述自己的观点。讲述观点要结合事实，做到客观公正，而不要添油加醋。

针对本案例，要讲的观点至少应包括：

（1）下属状态不好的事实；
（2）由此对工作造成的影响；
（3）作为上级，你的担忧。

第三步，相互沟通。讲完观点后，就进入相互沟通的步骤。在这一步中，你要多问少说，了解对方的真实想法。

针对本案例，我们可以用以下设问方式：

“你什么时候开始感觉到自己的状态不好？”

“你是不是最近有什么特别情况导致状态不好？”

“有没有什么办法来解决这些问题？”

第四步，给出建议。

在相互沟通完毕后，你需要给予对方相应的建议。给出的建议要中肯，对对方要真正起作用。

针对本案例，你不仅要给出建议，还要提出要求。作为一个管理者，你可以要求下属做出哪些合理的调整和改进。

第五步，达成共识。

没有达成共识，就意味着本次沟通没有达成目标。

那么，如何确定双方是否达成共识了呢？最简单的方式就是：一方提出个人以为达成的共识，由对方进行确认。经过确认的共识，才是双方真正的共识。

针对本案例，我们可以用递进式的沟通来达成共识：

“为了帮你恢复状态，我们这样做，……，如何？”

“除了以上的措施，你还需要什么帮助？”

“通过这些帮助，你估计自己何时能够恢复状态？”

7.5 委托事务规范

委托事务并不简单，委托事务最常见的问题有两个：

一个是委托不清，对方不理解。委托人貌似把委托的事情讲清楚了，但被委托者却不知道要做什么。

另一个是没有达成共识。委托人想让被委托人把事情办好，但并没有和被委托人达成共识，自然就不会有结果。

将事务清晰地委托给他人，并达成共识，这才是委托事务的正确表现。为此，我们需要做好三件事：注意委托模式、明确事项目标、提前说明要点。

首先，要注意委托模式。委托模式有两种：命令和请求。请求方式要客气，因为是征询对方的同意；命令方式则更干脆和果断，因为是要求对方去做。

其次，要明确事项目标。经常会发生这样的情况：委托人对要委托的事情自己都没有想清楚目标，就找个人来委托。其实这不叫委托，叫“甩锅”，我们一定要鄙视。

最后，提前说明事项要点。多数情况下，委托人会对委托的事情有所考虑，而被委托人则是毫不知情。因此，作为委托人提前讲述自己的理解、要注意的关键点，就能大量节约被委托人的思考时间，让委托更加有效。

让我们来看一个实际的案例。

你原计划参加周末的某会议，但因为特殊情况不能参加。你打算委托一位同事代你参加。你会怎么说？

沟通前，我们先思考两个问题：

第一，沟通模式是什么？毫无疑问，是请求模式。

第二，参会目标是什么？是为了应付一下，还是带“干货”回来？仔细思考一下，参会目标是认真学习，多带“干货”知识回来。

想明白了这两点，我们就可以按照以下流程进行沟通了。

首先做一个礼貌的开场请求：

“有个事情想请你帮忙，可以吗？”

然后，直接切入主题：

“这个周末，有一场很棒的学习会议。我本来计划参加但却临时有事不能去。能请你帮我参加一下吗？”

需要注意，委托时一定要讲理由，多数人喜欢听理由。

再来，对委托事务进行进一步说明，同时征求对方想法。

“这次的学习会议，主题是企业如何做好新媒体营销。

会议时间是本周日的下午 2—3 点，地点在万达广场。不知你是否有时间参加？”

确定对方有意向后，就可以进一步说明和进行疑问解答。

“拜托录点音，回来让我学习一下。另外，本次参会的路费由公司报销，打车去就好。不知你还有什么问题吗？”

作为委托人，你有义务为被委托人解答可能的疑问。同时，你要主动解答一些普遍关心的问题（比如钱）。

经过这样的沟通后，双方就很容易达成共识了。

让我们来总结一下委托事务的沟通流程：

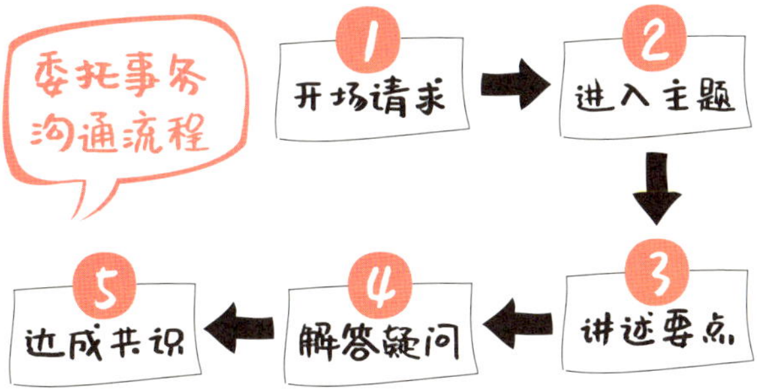

7.6 接受事务规范

与委托事务相对应的，就是接受事务。

接受事务，要做到清晰明确地接受事务，让事务可执行。

那怎么做到呢？有两个关键点：

首先，一定要把事务目标搞清楚。不管是谁给你委托事务，目标要当场问清楚。目标都不清楚，如何去执行？

其次，要尽量明确事务的关键要点。如果委托者没有主动把要点说清楚，那么你就要主动发问，争取问清楚。

下面，来看一个实际的案例：

老板要你参加本周末的某行业会议。你要问老板哪些问题？

在此，我们可以利用 STQC 法，提出以下四个问题：

1. 这个会议的主题和内容是什么？（S：范围）
2. 具体的参会时间是什么时候？（T：时间）
3. 参加这个会的目的是什么？是否还有其他目的？（Q：质量）
4. 这次会议住在哪里？什么标准？（C：成本）

第 1 个问题，明确事务的范围。

第 2 个问题，问清楚时间的要求。

第 3 个问题，明确事务要达成的目标。

第 4 个问题，隐性明确相关的花费问题。

使用 STQC 法确定问题，可以帮助我们更好接受事务，而接受事务时沟通越清楚，意味着后面的执行就会越顺利。

7.7 拒绝他人规范

不会拒绝的人，会活得很辛苦。

第一种情况是拒绝不掉。导致的结果就是平时工作经常被人打扰，还总有人想把他的事情甩给你。

第二种情况是拒绝太生硬。导致的结果就是别人对你印象很差，因此没朋友。

我们都要学会：明确而又礼貌地拒绝他人。

要做到这一点，有三个基本的原则：

第一，态度要坚决果断。

该拒绝，就一定要坚决。很多人的毛病是想拒绝，但又总觉得拉不下面子，拒绝的时候态度就很暧昧和含混，让对方弄不清楚你到底怎么想的，甚至引起误解。

第二，理由要正当合理。

拒绝他人，确实要给对方留面子，不能让对方下不来台。给出正当的理由，不仅给对方留了面子，对方也更容易接受。

第三，语气要礼貌平静。

讲话时语气的作用，有时远大于讲话内容的作用。拒绝他人，最适合用礼貌平静的语气来进行拒绝。

在基本原则之上，我们要使用四步流程来进行拒绝：

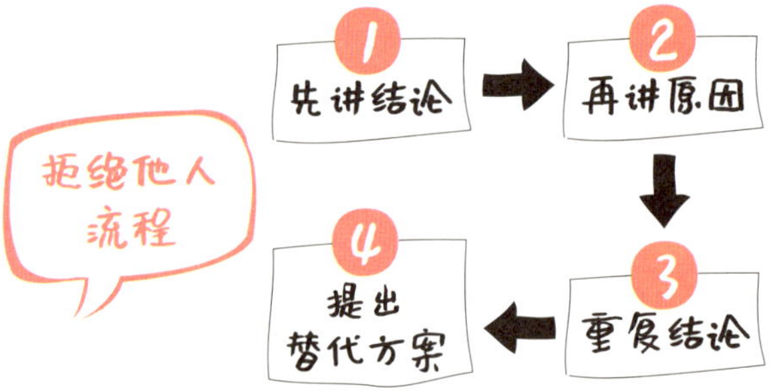

第 1 步，先讲结论。先明确表示拒绝，而不是讲原因。

第 2 步，再讲原因。为什么拒绝，讲一个核心原因。

第 3 步：重复结论。再次表示拒绝，表现出坚决的态度。

第 4 步：提出替代方案。站在对方角度，提出可能的方案。

下面，让我们来看一个实际案例：

你正在认真工作，平时关系很好的同事要找你出去买东西。你怎么拒绝？

用四步拒绝法，我们可以这样拒绝：

“不好意思，我去不了。”（先讲结论）

“我现在手上有好多事，忙不过来。”（再讲原因）

“所以，真心不能陪你去了。”（重复结论）

“要不，你让小王陪你一起去？”（提出替代方案）

这样的拒绝是不是简单、明确而又有礼貌？

再让我们看一个经常让人头痛的案例。

快要下班了，老板突然找到你，要你留下加班做方案。你怎么拒绝？

很多小伙伴碰到这种情况，要么乖乖就范，要么就和老板发生争执。其实，毫无必要。

使用四步拒绝法，我们可以这样拒绝：

“不好意思，我今晚加不了班。”（先讲结论）

“我今晚约了一个重要的朋友一起吃饭。”（再讲原因）

“所以，今晚真的不能加班了。”（重复结论）

“要不，我今晚琢磨一下，明天下班前交？”（提出替代方案）

关于拒绝的要点，强调一下：

（1）**先讲结论，而非原因。**先讲原因，会让对方先关注你的原因是否合理，这样效果不好。

（2）**拒绝原因，讲一点就好。**原因讲一堆，说服力反而差，甚至会让对方感觉你是在推诿。

（3）**不要带入情绪。**在碰到不合理的要求时，我们很容易有情绪。但情绪不会帮助我们解决任何问题，只会把事情变得更糟。我们的目的是拒绝，而不是吵架。

7.8 工作汇报规范

工作汇报的场景很常见，但真正会汇报的人却很少。

工作汇报的目标，不仅仅是汇报工作，更要引起听汇报者的关注。

那怎样才能做好工作汇报呢？有三件重要的事：

（1）了解来听的关键人是谁。

一次工作汇报，肯定有一位关键人（一般是权力最大的那位）。关键人听得满意，这次工作汇报就成功了。

不同的关键人，想听的内容就不一样。直接上司和大老板来听汇报，会一样吗？因此，提前知道关键人是谁很重要。

（2）针对关键人，设计清晰有料的内容。

针对不同的关键人，我们要设计对应的内容。想一想，领导的时间重不重要？因此，内容要做到清晰又有料，这样能大量节约听汇报者的时间。

（3）适当提出合理化建议。

除了就事论事，多数领导都希望听到额外的内容。适当提出合理化建议，领导会觉得你很有想法，容易高看你一眼。

做一场正式的工作汇报，我们可以用以下五步流程：

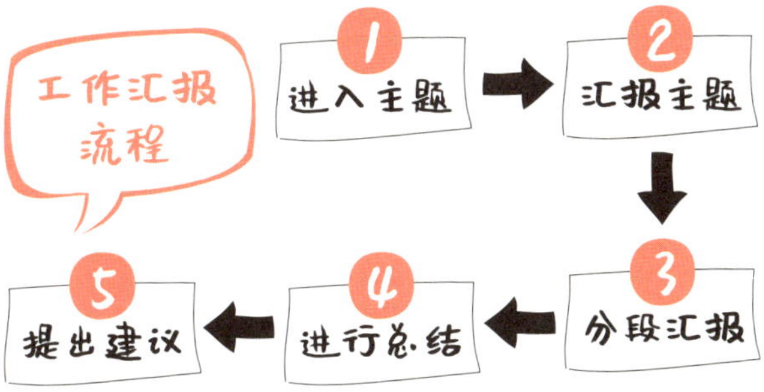

第 1 步：进入主题。开门见山，直接进入主题汇报。

第 2 步：汇报主题。今天汇报几个重点，罗列清楚。

第 3 步：分段汇报。针对汇报重点，分段展开说清楚。

第 4 步：进行总结。针对工作情况，总结经验和问题。

第 5 步：提出建议。最后，适当提出合理化建议。

让我们来看一个实际案例。

市场部做了一场活动，你是该活动的负责人。
市场总监要来听本次活动的汇报。你该如何汇报？

思考一下，本次汇报的关键人，就是市场总监。关键人想听的内容应该包括以下方面：

- 活动的效果如何，是否达成目标？
- 总体执行过程如何，哪些地方做得成功？
- 活动花费了多少钱，是否合理？
- 有哪些不足需要改进？

对于执行细节，市场总监一般不太关注。因此这部分的内容需要准备，但不用列入主体汇报内容中。

在具体汇报时，可以参照以下流程：

关于工作汇报，最后强调三点：

第一，控制好时间。老板没时间听长篇大论，要简明扼要。

第二，尽量提前沟通。如果能提前和汇报的关键人沟通，了解老板的关注点，那汇报就会更有效。

第三，强调团队作用。在有功劳的时候，一定要表现出这是团队的共同成果，没有任何一家公司只讲个人英雄主义。

（进入主题）

下面，就由我为各位领导和同事汇报本次活动的情况。

（汇报主题）

我会重点从以下三个方面进行汇报：

（1）目标完成情况，（2）执行过程，（3）资源花费情况。

（分段汇报）

首先汇报的是目标完成情况。……

再来汇报一下本次活动的执行过程。……

最后汇报一下本次活动的资源花费情况。……

（进行总结）

以上，就是本次活动的情况汇报。

简单总结一下：本次活动效果较好，目标达成率为 90%。……

（提出建议）

最后，我想谈谈关于本次活动的改进建议：

（1）从方案设定方面，……

（2）从执行过程方面，……

（3）从资源投入方面，……

落地行动指南

1. 从建立上班规范开始，逐步养成职场规范。

2. 尝试使用“三八开会法”开展高效率会议。

3. 和他人沟通前，提醒自己四件事：（1）目标明确清晰；（2）沟通简单明确；（3）不要带入情绪；（4）争取达成共识。

4. 无论在委托事务还是接受事务时，都必须明确事务目标和提前说明要点。

5. 有意识采用四步流程来拒绝他人：先讲结论，再讲原因，重复结论，提出替代方案。

08

建立时间管理原则

拥有自己的时间管理原则

你才能真正掌控时间和生活

原则是什么？原则是观察问题、采取行动的准则。

建立了时间管理原则，判断事情就变简单了：符合原则的可以做，不符合原则的坚决不做。

大叔实践时间管理已经超过10年。通过多年的实践和反思，我形成了自己的时间管理原则。我把这些原则分成了五大部分，用来解决不同的关键问题。

正是通过践行这些原则，我的时间管理变得越发简单，我也越发能够掌控好自己的工作和生活。

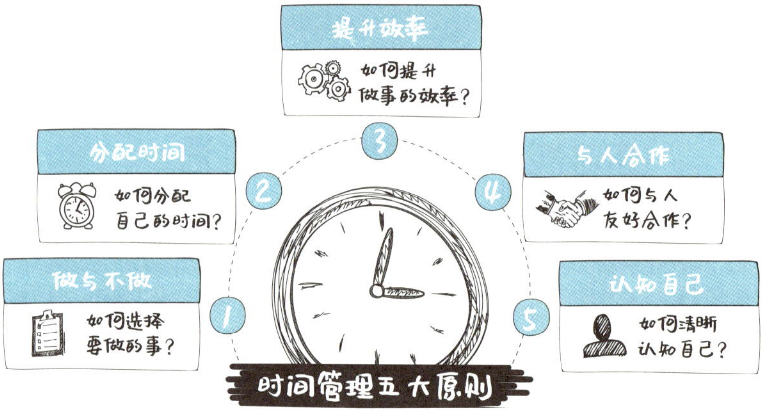

8.1 做与不做的原则

原则 1-1　做有价值的事，不做没价值的事

你为什么会选择做一件事，或不做一件事呢？

假设有朋友结婚，邀请你参加婚礼，你该做以下哪个选择：（1）送红包不去参加婚礼，（2）送红包并参加婚礼，（3）不送红包也不参加婚礼。

重要的不是选择结果，而是判断方法。大叔的判断方法就是一个：这个行动有没有价值。去参加婚礼有价值吗？送红包有价值吗？两者综合就是你最后的选择。

符合以下情况的事情，都意味着有价值：

●能给你直接创造收益；

●能帮助你和值得交往的人进行“链接”；

●能让你自己有成长和提高；

●能让你感到开心快乐。

做任何一个事情前，先仔细思考一下，其价值如何？

我们要做有价值的事情，不做没价值或低价值的事。

原则 1-2　做有目标的事，不做没目标的事

要做好一件事情，就一定要弄清楚目标。

大叔多次碰到这样的情况：老板交代一个貌似重要的事情，但是这个事情却没有明确的目标。碍于对老板的尊重和服从，不得已去做了这件事情。但因为目标不清晰，费了很多时间和精力，效果却不好。回头思考，真不如一开始就不去做。

不知大家是否看过高手下围棋。下围棋的每一步都要有目标，如果在某个地方想不好目标，这时就需好好想想再落子。

做事情和下围棋有异曲同工之妙，想不好目标的事情先不做，先去做那些目标清楚的事情。

那么，对于那些必须要做但目标又不清楚的事情怎么办？

可以采用下围棋中的“试应手”方法，先做一点初步尝试，根据尝试的结果再来逐步明确目标和确定后面如何做。

原则 1-3　先做优先级高的事，后做优先级低的事

同样都是有价值、有目标的事情，我们先做哪个？

先做优先级高的事情。

如何确定优先级呢？有两种方法来判断：

第一种方法，通过紧急性和重要性来判断。

使用四象限法则，用紧急性和重要性划分四个象限，其中紧急且重要的事情就是优先级最高的事情。

有个经典的案例：“假设老婆和孩子都掉到水里，先救哪个？”比较合理的答案是：“先救离我最近的那个。”

第二种方法，通过价值大小判断。

事情 A 和事情 B，两件事情只能做一件。但是事情 A 产生的价值比事情 B 要大，那事情 A 的优先级就会更高。

原则 1-4　不是一个肯定的 *yes*，就是一个肯定的 *no*

在我们做选择的时候，经常会纠结。

●去参加一个聚会吗？可以认识新朋友，但要花时间。

●跳槽去新公司吗？可以涨薪水，但要面临很多挑战。

●现在要结婚吗？好像感觉不错，但又感觉还不到时候。

当我们遇到这种选择困难时，那要怎么办？

对于选择，不是一个肯定的 yes，就是一个肯定的 no。

如果你对一件事反复思考后，还是举棋不定，那就索性不要去做。选择去做，往往会后悔。

原则 1-5　对不重要的事做减法，对很重要的事做加法

我们每天都会面临大量的事情：

●有这么多新闻和消息，看哪些不看哪些？

●有这么多要学的知识，应该先学哪些？

●有这么多要做的事情，应该先做哪些？

思考方法很简单：这件事真的重要吗？不重要就做减法。

做减法就像清理房间一样，不用的、不重要的东西全部丢掉，丢掉以后你就会倍感轻松。

同时，对于很重要的事情，要做加法。

对很重要的事做加法，代表着把这件事做得精益求精、更有效率、结果更好。

比如演讲这件事，对大叔而言确实很重要。迄今为止，我已经

做了近1000场线下演讲和线上演讲。即便这样，对于每一场新的演讲，我还是会精心准备，力图讲得更精彩，因为我需要给自己的演讲做加法。

8.2 分配时间的原则

原则2-1 多花时间思考，哪些是真正重要的事

我们每天有很多的事，但真正重要的事并没有几件。

和我们相关的人很多，但真正重要的人不会超过10个。

我们一生要做的选择很多，但真正重要的选择只有几个。

选择和努力谁更重要，这实际上是个伪命题。没有正确的选择，努力就是白费；没有努力，做了正确选择也是白费。

但是，我们首先必须做好选择，选择错了问题就大了。

如何做好选择？多花时间思考，哪些是真正重要的事。

原则2-2 把时间留给最重要的事

听起来好像理所当然，但是做起来却是非常难。你每天会做这样的思考吗？如，我今天最重要的事情是什么？我是否把时间留给了这些重要的事？

相比这些重要的事，我们可能每天会花更多的时间去刷手机、

去八卦、去闲聊。这些事情要不要做？要做，因为会让我们开心。但是，它一定不是很重要的事。

大叔的第一份工作，在一家公司里待了七年。这七年过得很开心，工作轻松，开始赚得也不少，开心得不得了。

回首一看，这七年的路三年就应该走完，做了太多不重要的事，自己的成长太慢。应该多努力学习、多看看世界、早点跳槽去更大的平台，但却迟迟没有行动。

把时间留给最重要的事，不仅仅是我们今天要去做到的，而是我们每天都要坚持去做的。

原则 2-3　提前进行思考，主动分配时间

我喜欢看他人下棋。凡棋下得好的人都有一个特点：下一步之前要想三步。做事如下棋，我们要提前思考。

有一位朋友的案例发人深省：读书时去了美国，毕业后去了一家国际大公司，一待就是将近 20 年。待到 40 多岁，虽然胸无大志，但工作一直很稳定。但是，由于公司不景气，大量裁员，他不幸也在被裁的行列中。

离开公司一看，再找工作是个大问题。因为一直在公司里做相对固定的事情，个人的竞争力已经严重下降，再加上行业不景气和年龄的原因，已经很难找到一个合适的工作。

未雨绸缪，我们要学会提前思考，主动分配时间。

为什么我们要去做日计划、周计划等各种计划？因为我们要提前思考，主动分配时间，这样才能从容不迫。

更进一步，对于我们未来的工作和生活，是不是也应该提前思考、分配时间，去创造更多的精彩可能？

原则 2-4　重点考虑重要但不紧急的事

重要且紧急的事情确实是当下优先级最高的事情，必须尽快解决。但是如果我们总是陷入重要且紧急的事情中，这就是个大问题。

重点考虑重要但不紧急的事。

比如读书这件事，重要吗？肯定重要。紧急吗？不太紧急。很多成年人一年不读几本书，也活得好好的。

但有眼光的人，就会重点考虑这件事。大叔每年要读 200 本以上的书籍，其中 100 本会认真读。坚持读书，让自己的知识底蕴越来越厚，视野越来越开阔，格局也越来越大。“书中自有黄金屋，书中自有颜如玉”，老祖宗讲得很正确。

这些重要但不紧急的事情，才是改变你根本能力、决定你长远发展的大事。做好时间管理，重要但不紧急的事至少要占据我们 50% 以上的时间。

原则 2-5　每天要有足够的弹性时间

在 25 年的职业生涯中，大叔多次碰到完全忙不过来的情况。印象特别深刻的有这么几次：

一次是在神州数码做项目。7 天连轴转，每天工作 12 个小时，高强度工作 2 个月。

一次是自己创业做手机游戏。我承担了游戏制作人、总策划、美术设计、运营等角色，甚至还写了一点点程序，3 个月的时间，6×12 个小时以上，人觉得非常疲惫。

忙的时候，你可能会觉得自己是个超人，无所不能；忙完一看，效率其实并不高，结果也并不好。

人一天高效率工作 8 小时，多数情况下足够了。往上继续堆时间，工作效率会直线下降，甚至身心疲惫、情绪失控。

现在，我每天一定要留下足够的时间，做点喜欢的事：

有时候打打游戏，看看玄幻小说；有时候看看体育比赛、搞笑的综艺节目；有时候和家人出去吃吃饭、看看电影。

有快乐的生活，才会有认真地工作。一味当工作狂而忽略了生活中的快乐阳光，只会让自己的工作更糟糕。

8.3 提升效率的原则

原则 3-1 凡事先明确目标，结果要达成目标

很多人表面上知道目标重要，但内心里并不把目标当回事。

小到读一本书，你真的会设置读书目标吗？你会严格设定读完的时间、做读书笔记和考虑如何学以致用吗？

大到工作和生活，你真的会认真思考自己下一个月乃至未来一年的工作目标吗？

多数人的行为习惯是事情来了就做，做到差不多就好。而高手的行为习惯是“凡事先思考目标，结果要达成目标”。

读一本书，要设定读书目标：多长时间读完、读到什么程度、输出什么结果；对于下一个月的工作，要思考下个月的工作目标，并制订计划，工作就要奔着这个目标去努力。

拥有清晰的目标，才可能有高效率。

原则 3-2 同时只专注做一件事

做一件事的时候，顺带着做别的事，结果就是效率很低。

大叔自己试验过很多次，休息的时候强迫自己去思考工作，结果不但休息得不好，对工作也没有实际帮助。

在一个时间点，大脑只能专注于一件事。

这就像谈恋爱，一心一意和一个人谈恋爱，与同时脚踩几只船相比，哪个结果会更好？

同时只专注做一件事，要让眼睛只盯着这件事，大脑里只有这一件事，这样的工作效率才会高。

原则 3-3 在精力充沛时做重要的事

精力不充沛，事情很难做好。

犯困的时候去读书，估计很快就会睡着；头痛的时候勉强自己去思考，脑袋只会更痛。

在这里，我们不具体谈如何去提升精力、管理精力，这属于精力管理的范畴。我们强调的是“在精力充沛时做重要的事”。

每个人的精力是不断波动的。比如多数人在开始上班时精力最旺盛，吃了午饭后精力就会直线下降，而到了晚上精力又会有所恢复。

因此，我们要观察自己何时精力充沛。而在这个时候，我们就来做最重要的事。

同时，我们也需要定期休息，来恢复自己的精力。为什么番茄工作法非常有效？因为这个方法能让我们的精力定期恢复，从而保持较长时间的高效工作。

注意，在精力不济时，千万不要勉强自己去做重要的事，那样只会徒劳无功。

原则 3-4　定期复盘和反思

做事要有效率，不仅要快，更要准。

大叔看过太多这样的情况：事情开始的设定就有问题，做的过程中也不复盘和反思，最后被迫推倒重来。

做事要准，就要定期复盘和反思。我有以下几个建议：

（1）每个星期要做一次复盘和反思。本周做了哪些有价值的事？有没有达到预定目标？需要做哪些改进？我们不仅要做周计划，更需要做周总结。

（2）重要的事情结束后要做复盘和反思。最后的结果好吗？有什么样的经验和教训？以后如何能够做得更好？

（3）耗时较长的事情要做阶段复盘和反思。进展得是否顺利？要解决什么重要问题？下一步的计划是什么？

（4）每年要做一次大的复盘和反思。大叔每年都会在过年之前，来做一次大的思考，从事业、家庭、社交和个人四个维度来进行复盘和反思，同时确定明年的大目标和大计划。

原则 3-5　定期清空自己的大脑

做的事越多，脑子就会越来越乱，使效率直线下降。

因此，我们需要定期清空自己的大脑，让大脑从紧张、混沌的状态中彻底松弛下来，重新恢复清醒和活力。

如何清空大脑？有几个重要的方法：

(1) 定期花一段时间，专心做自己喜欢的事。

比如大叔自己，有时在周末会花一整天的时间，看电影、打桌球、看小说，玩得不亦乐乎，让自己彻底松弛下来。

(2) 至少每年出去旅游一次。

出去走走、看看，接触一些新的东西，给大脑一些新的感悟，是极佳的清空方式。世界这么大，我要出去走走。

(3) 至少每月要学点新的知识。

为什么孩子的大脑会比成人更加活跃？因为他们总在学习新的

知识和内容。学习新的知识，不但不会对大脑造成负担，而且会帮助大脑摆脱现在的疲倦。当然，学习的前提是自己要感兴趣，而且处于松弛快乐的状态。

8.4 与人合作的原则

原则 4-1 目标要达成一致

与人合作和时间管理之间有着非常密切的关系。

与合适的人进行合作，可以帮我们节约大把时间和大量精力；而与不合适的人进行合作，就会白白浪费自己的时间和精力。

如何与人成功合作呢？最关键的一条就是合作必须要先达成共同的目标，或者称为“同频”。

多年来大叔管过很多团队，有上百人的大团队，也有两三个人的小团队。一个很显著的现象是，小团队往往比大团队的工作效率更高，管理起来也会更容易。

为什么会这样？因为小团队的目标统一很容易，而大团队的目标统一则非常难。林子大了，什么鸟都有，你想让所有的鸟都往一处飞，那可真不是一件容易的事。

哪怕两个人合作，目标也必须一致。两个人一起出去旅行，我想到北京去，你想到广州去，那这场旅行就会没有结果。

那怎么达成合作的共同目标？根据合作的事项，大家思考自己的期望和要求，秉着合作的态度积极探讨，这样就能达成最后的共识。

原则 4-2　分工要清晰明确

合作分工不清晰明确，就会出现以下问题：

（1）有的事情没人做。没有分工的活不会有人愿意做，因为做得越多要负的责任就越大。

（2）有的事情多人管。一个事情，原则上只能有一个主负责人。分工不清晰，几个领导都来“插一杠子”，那谁说了算？

（3）出现问题相互推。出现问题时，如果问题对应的事情没有明确负责人，那谁来负责？必然是相互推诿。

（4）管理者会特别累。事情不分下去，管理者一个人顶着，结果就是管理者特别累，什么事情都要操心，下面的员工还没有能动性。

因此，达成一致的目标后，就必须要明确分工。

分工不光要分责任，也要分权力。这样才能做到人尽其用，由合适的人来负责合适的事。

原则 4-3　做事要就事论事

1978 年，《光明日报》在首页发表了一篇文章：《实践是检验真理的唯一标准》。中国通过 40 多年的改革开放，变得日益强大，与这句话有着莫大关系。

与人合作，就要以事实为依据，就要就事论事。

但很多中国式合作，完全靠感情。我和你的感情好，所以我俩就一起合作，这本没毛病。但是在合作过程中，你犯了错我不好意思讲，我事情没做好你也不指出，这就有毛病了。

在中国式管理中，甚至有过这样的言论："领导说你行你就行，不行也行；说你不行，行也不行。"那如果都是这样，大家都不用认真做事了，只要削尖脑袋拉关系就行了。

合作要讲感情，但更要就事论事：做得好就是好，做得不好就是不好。

这两句很实在的话，希望大家收下。

原则 4-4　沟通要简单彻底

职场沟通，切忌绕圈子，让对方去猜谜，这样会浪费大量的时间，而且沟通效果还不好。

大家可能接触过这样的观点：和对方沟通时话不要说得太明，要让对方去理解和感悟。这样的观点有很大的时代局限性，并不适合现代企业的发展。

职场沟通，要做到简单和彻底。

比如老板要你去完成一个报告。接受任务的时候，你要和老板进行明确的沟通：报告用来做什么、要包括什么关键点、完成的截止期限等。不沟通清楚，报告很难让老板满意。

又比如你和朋友合作一个项目。正式合作之前，你们一定要有明确的沟通：目标是什么、投入是什么、风险是什么、怎么分工、怎么分配利益、怎么共担风险等。这些没有沟通清楚，那就不要合作，因为以后出现的问题会很多。

沟通做到简单和彻底，能大量节约大家的时间和精力，能让合作结果更理想。

原则 4-5　合作要信守承诺

信守承诺、讲诚信是一个人的基本品质。和不讲诚信的人进行合作，等同于浪费时间。

什么叫作信守承诺？信守承诺需要做到两点：

（1）言必行，行必果。答应了的事情，就要尽力去做，而且要尽量达成目标。如果很难做到，那开始就不要轻易答应。

（2）做不到，提早说。答应了的事情，如果发现确实无法做到，那就早点说，不要拖到无法交代的那一天。

8.5　认知自己的原则

原则 5-1　我的时间我做主

要做好时间管理，就必须对自己的时间负责。

经常有人说“工作太忙了，我都没有时间陪家里人”，也经常有人说“我把时间都奉献给了家庭，结果没了自己”。所有这些说法都有一个问题：是谁在支配你的时间，你还是别人？

让别人来支配你的时间，是一件可悲的事情，因为你的人生并不由你自己来做主。

我的时间我做主，我要对自己的时间负责。真正理解并做到这一点，我们才可能掌控自己的时间和生活。

原则 5-2　我是最大的瓶颈

事情没做好，浪费了很多的时间和精力，我们要去找问题。最大的问题在哪里？就在我们自己身上。

我们要从三个层面去找自己的问题：

（1）态度层面。我有没有真正重视这件事？有没有去认真思考这件事该如何做好？有没有投入足够的时间和精力？态度上不重视，事情很难做好。

（2）方法层面。我有没有找到处理事情的合理方法？有没有去清晰定义目标？有没有去做计划？没有方法，做事情就会事倍功半。

（3）行动层面。我有没有及时行动？有没有定期复盘和反思？有没有在发现问题时及时进行调整？没有行动，自然不会有结果。

多数的事情会失败，不是因为别人，而是因为自己。

我自己，就是最大的瓶颈。

原则 5-3　努力成为更好的自己

大叔很早就开始思考这个问题：我为什么要活着？

年轻时的答案是：活着就是为了开心。于是，我每天花大量的时间去寻各种开心。

结婚后的答案是：活着是为了让自己和身边的人活得更好。于是，我开始努力工作和赚钱。

现在的答案是：活着是为了成为更好的自己。于是，我开始做更多对自己和社会都有帮助的事情。

人的一生就像翻山越岭。年轻的时候，不妨多努把力，多翻过几座山，多看些美好的风景；年长的时候，看看自己走过的路，人生没有遗憾。

努力成为更好的自己，努力活出自己的光彩。

原则 5-4　厉害的人生需要不断修炼

马云的人生很厉害。

他不是富二代官二代，也没有现成的社会资源；他不是一个很聪明的人，三次高考才考上杭州师范学院的大专；他更不是一个天生就能成功的人，曾经若干次创业摔得头破血流。

但他是一个有梦想、坚持不断修炼的人。从他的身上，我们可以总结出三项最重要的修炼：

（1）眼光的修炼。

早在美国刚刚出现互联网的时候，他通过去美国学习和交流的机会，就看到了互联网的未来商机；在刚刚出现电子商务的时候，他就成立了阿里巴巴；在 ebay（一个可以进行线上拍卖及购物的网站）进入中国不久，他就发现了 B2C（Business to Customer，“商对客”的一种电子商务模式）的强大生命力而打造了淘宝。正是眼光，让他始终领跑在这个时代的前列。

（2）能力的修炼。

马云表面最牛的是他的一张嘴，但其实最强的是他的激情和团结人的能力。我们不可能在每个方面都做得很棒，但我们一定要有自己的核心能力，而且这个核心能力要足够强大。有了这个核心能力，你才能真正去主导一件事，也才有资格和“牛人”合作。

（3）心态的修炼。

马云在创建阿里巴巴之前，经历了三次创业失败。创建阿里巴巴之后，也多次遭遇了巨大的风险和挑战。没有强大而稳定的心态，他就不可能缔造出今日的阿里巴巴帝国。

没有好心态，即使拿到一手好牌，你也会打得稀烂。

原则 5-5　敢于正视逆境和失败

真正考验人的时候，不是顺风顺水的时候，而是在面临逆境和失败的时候。

看看“大牛”们是如何面对逆境和失败的：

- 任正非，43 岁“下海”，集资 2 万元开始创办华为；

●史玉柱，跌入谷底欠债 2.5 个亿，重新创业做脑白金；

●褚时健，因为贪污被抓，74 岁开始学种橙，花 10 年时间再创辉煌。

大叔也曾多次面临逆境和失败，甚至感到很痛苦。但过后回头一看，在面对逆境时只要能及时调整，最坏的情况也不过就是重头再来。

正所谓，没有过不去的火焰山，只有走不出的自己。要成为一名真正的强者，我们就要敢于正视逆境和失败，在一次次的历练中变得更强大。

09

时间管理落地应用

只有落地用好时间管理

才能发挥时间管理的力量

在前面的内容中，大叔已经为大家分享了关于时间管理的八大主题内容。很多小伙伴还会有这个疑问：那我要如何针对自己的情况，将时间管理落地应用呢？

只学习时间管理但是不落地应用，那就像只谈恋爱却不考虑结婚一样，有点变相耍流氓。在以下内容中，大叔将重点分享如何将本书的时间管理知识进行落地应用。

9.1 时间管理落地的三大步骤

要让时间管理落地和真正发挥作用，其实就是利用三大步骤：

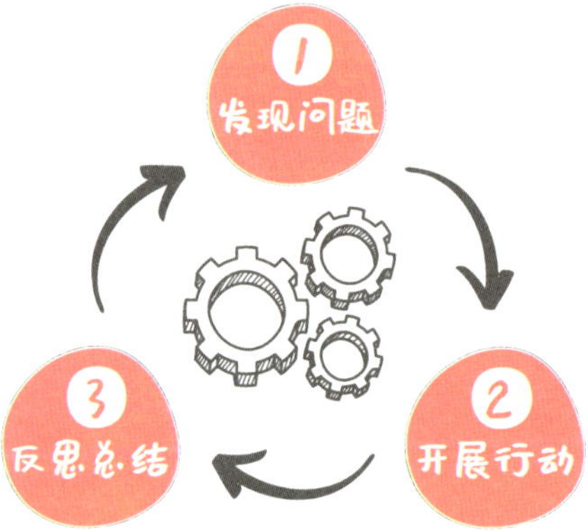

这三个步骤的核心作用是什么呢？

第 1 步：发现问题。

每个人的时间管理问题是不一样的。我们需要针对自己的情况，找到自己当前最需要解决的问题。

落地应用时间管理，要做到有的放矢。

第 2 步：开展行动。

发现了问题，就要开展行动。明明知道问题存在，但不去针对性解决，那就是“假把式”。

我们不但要开展行动，更要有效开展行动 。

第 3 步：反思总结。

反思总结是一个非常重要的事情。

时间管理的落地应用不是一蹴而就，而是一个长期的过程。只行动不反思，行动就很容易出现偏差，甚至白白做工。

9.2 步骤 1：发现问题

在这一步中，我们需要分析自己的问题的现实情况，并结合问题的严重程度以及个人解决意愿，确定要解决的问题。

特别要强调的是，落地应用时间管理不建议全面开花。

发现自己有很多问题，就想快速解决所有问题，这可能吗？这就像一个不锻炼的人想一下子变成肌肉男，根本不可能。

最务实的方式是：找到并解决最需要解决的 1～2 个问题，再循环找问题、解决问题。这样最容易看见效果和获得成就感，也才容易坚持下去。

大叔列了一张表，里面涵盖了最常见的时间管理问题。你可以通过填写此表，确定自己要解决问题的次序。

常见问题表现	问题严重程度	是否着急解决	解决次序
感觉时间不够用，太多事情做不过来			
每天做事缺乏安排，想到哪里做到哪里			
忙了一天却没啥结果，重要的事情常落下			
整天很清闲，不知道要做些什么事情			
做事的方向感不好，经常缺失目标			
做事反反复复，经常走弯路或白做工			
做事缺乏章法，不会提前思考和做计划			
做耗时较长的事情，不会管控进度和结果			
工作效率不高，经常容易疲倦或分神			
做事经常被人打断，效率低下			
有拖延症，做很多事情都想拖延			
和他人开会、沟通，花了时间却没效果			

填表时请注意：

● “问题严重程度”请填写数字 1~3，1 代表轻微、2 代表一般、3 代表严重。

● “是否着急解决”请填写数字 1~3，其中 1 代表不着急、2 代表需要、3 代表急需。

●将“问题严重程度”中的数字乘以“是否需要解决”中的数字，就等于“解决次序”得分，得分越大表示问题越要尽快解决。

9.3 步骤 2：开展行动

明确要解决的问题后，我们就可以推导出要使用的重点解决方法，并通过这些方法去开展相应行动。

我们通过以下对照表，可以找到问题对应的重点解决方法，同时转到对应章进行学习。

常见问题表现	重点解决方法	方法对应章
感觉时间不够用，太多事情做不过来	加强事项排序，变换处理策略	第 2 章
每天做事缺乏安排，想到哪里做到哪里	用好待办事项，做好事项安排	第 2 章
忙了一天却没啥结果，重要的事情常落下	用好待办事项，加强目标管理	第 2 章
整天很清闲，不知道要做些什么事情	发掘价值事项，加强目标管理	第 2、3 章

续表

常见问题表现	重点解决方法	方法对应章
做事的方向感不好，经常缺失目标	加强目标管理	第 3 章
做事反反复复，经常走弯路或白做工	加强计划管理，加强目标管理	第 3、4 章
做事缺乏章法，不会提前思考和做计划	加强计划管理	第 4 章
做耗时较长的事情，不会管控进度和结果	加强计划管理，加强目标管理	第 3、4 章
工作效率不高，经常容易疲倦或分神	提升工作效率	第 5 章
做事经常被人打断，效率低下	正确抗击干扰	第 5 章
有拖延症，做很多事情都想拖延	合理抗击拖延	第 6 章
和他人开会、沟通，花了时间却没效果	增强职场规范	第 7 章

在开展行动时，我们需要特别注意两点：

第一点，一旦开展行动，就要持续去做。切忌三天打鱼两天晒网，这样不会有结果。一旦开展一个行动，强烈建议至少坚持 30 天，逐步把行动固化为自己的日常行为习惯，这样行动才算达到效果。

第二点，行动不求尽善尽美，关键要能解决实际问题。要求完美，有可能会让自己缩手缩脚，甚至变成邯郸学步。自己觉得好，能解决问题就行了。对方法的熟练应用是一个持续的过程，不求能够一步到位。

9.4 步骤 3：反思总结

反思和总结，是一个人进步的核心关键方法。要落地用好时间管理，同样也需要做好反思和总结。

关于时间管理的反思和总结，包括两种形式：

1. 对事项操作情况的反思和总结

大叔做这类反思和总结，会具体分为四种情况：

（1）周反思和总结：固定在每周末反思一次。

（2）月反思和总结：每个月做月计划时进行反思。

（3）重要事项反思：一件重要事情做完 3 天内进行反思。

（4）年底反思总结：每年春节前进行反思。

在反思和总结时，我会重点考虑以下问题：

●这段时间的重点事项是否执行到位？是否达成了预定目标？

●哪些地方做得特别好？有什么经验？

●哪些地方做得不足？有什么教训？

●这段时间，有没有做一些不必要的事情？

●这段时间，有没有忽略一些很重要的事情？

●这段时间的个人状态和情绪如何？该如何调整？

反思和总结时要深入，要对自己有批判精神。进行重要反思的时候，一定要做记录。

2. 对方法应用情况的反思和总结

如果你在学习或精进某个时间管理方法，强烈建议定期针对该方法的应用情况进行反思和总结。

假设你正在落地应用“待办事项”这个方法，则可以用以下的方式来进行反思和总结：

（1）一段时间进行一次自行检查。最开始不熟悉“待办事项”时3天检查一次，逐步熟悉后可以1个月检查一次。

（2）检查时重点询问自己以下问题：

- 最近使用“待办事项”的效果如何？带来了什么改变？
- 自己坚持执行了吗？如果没有，那是因为什么？
- 使用过程中，掌握了哪些精髓和要点？
- 使用过程中，存在什么问题和疑惑？

（3）进行针对性学习和改进。面对发现的问题和产生的疑惑，通过查看书籍或询问老师，进行针对性学习，并尝试改进。

9.5 适合新手的时间管理应用方案

对于刚刚涉及时间管理的新手，波波羊大叔建议可以按照以下6个步骤，轻松落地应用时间管理：

第1步：从“知道做什么”入手，学会运用“待办事项”这个工具及其相关方法，特别要做到上班时先做待办事项！

第2步：对于重要的事情，按照“凡事先问目标”的原则进行行动，强化自己的目标管理能力。

第3步：在日常工作中，尝试使用番茄工作法和不断练习抗击干扰，从而提升自己的工作效率。

第 4 步：针对重要的事情，开始使用事项计划，学会如何进行事项的进度管控和结果掌握。

第 5 步：使用 SAD 对战拖延大法，帮助自己更好面对拖延和改善拖延症。

第 6 步：逐步实施职场规范，让自己在职场上能更好完成开会、与人沟通等各种场景任务。

按照以上 6 步，每个人都能逐步落地应用时间管理！

后记
我的时间管理之路

到2019年，大叔已经在职场上打拼了25个年头。

我的时间管理之路，就是一条自我成长之路。开始时，一路上走得跌跌撞撞，踩过很多雷，趟过很多坑。但经过不断历练，这条路走得越来越宽阔、越来越通达。

在此，大叔把一路走过的心得体会分享给大家，希望对大家学好时间管理、让自己更好成长有所帮助。

第一阶段：对职业没有思考，对时间没有感知。

由于大叔14岁半考入了南京大学少年班，因此1993年大学毕业时，大叔19岁不到。毕业后去了一家还不错的公司，从事软件研发工作，转正后每月能赚1000元（那时深圳市中心地区的房价不到5000元/平方米）。

毕业后一年内，我就买了自己的个人电脑，由于公司原因还成了中国第一批互联网用户，条件可谓得天独厚。由于计算机编程的底子打得不错，学习新技术又非常快，别人一天的活我半天就能搞定，整天优哉游哉。

但也因为年轻，我从未认真思考过自己的职业发展，更没想过如何去利用空余的时间创造价值。大把时间用来打游戏、通宵看小说，想的就是如何过得开心快活。

对于这个七年，我总结了三点最重要的经验教训：

1. 人生如逆水行舟，不进则退。

2. 必须尽早思考自己的职业定位，明确初期发展目标。

3. 要利用好年轻这个资本，为自己创造更多价值。

第二阶段：职业快速发展，感知到时间的价值。

一晃到了 2000 年，我的人生发生了两件大事：

一是原来的公司不行了，不得不考虑换地方去工作；二是我要结婚了，却发现口袋里只剩下超级可怜的 1000 元钱。

在工作和生活的双重压力下，我感觉既迷茫又艰难；天无绝人之路，原来公司的同事去联想神州数码当了部门经理，需要招人，就叫我上北京投奔他。就这样，我去了神州数码。

到了神州数码后，什么都要重新学习：适应大公司的环境，去往不同城市，和不同客户打交道，学习新技术，开发新项目，还要做各种软件开发之外的工作。

这是一次全新的自我蜕变，让我看见了世界的精彩。我开始懂得什么叫企业文化，什么是正规工作流程和方法，开始学会用专业的态度做事情，也开始学会成为一名管理者。

对年轻人而言，去过一家大公司真的很重要，会让你的眼界、做事方法都变得不一样。

我开始意识到时间的巨大价值。由于有太多的事情要做、太多的东西要学，经常感觉压力很大，加班加点是家常便饭。但那时国内还没有时间管理这个概念，我也只能靠自己摸索。

对于快速发展的这五年，我总结了以下宝贵的经验：

1. 在工作上，要锻造出核心能力，养成专业习惯。

2. 如果有可能，要去大公司工作一段时间，开阔眼界。

3. 除了专业能力，也要注重综合能力的培养。

第三阶段，职业全面发展，开始践行时间管理。

到了 2005 年，由于种种原因，我回长沙进入了一家做 IT 职业教育的公司，开始走上了教育之路。

基于对 IT 行业和企业需求的理解，我带领一些老师共同打造了 IT 工程师的实训体系，用校企结合的方式来为企业培养 IT 工程师。通过这个过程，我逐步进入了职业教育的大门。

从 IT 实训体系入手，到招生、教学、就业的全流程介入，再到公司的总体运作和经营，我逐步成为职业教育领域的职业经理人。

机缘巧合，由于公司和安博教育（一家在美国上市的中国教育公司）进行了资本合作，2011 年我再次回到了北京，前往安博教育公司职教集团进行工作，走上了职业教育的全国大舞台。

在 2008 年，我开始正式学习时间管理的系统知识。第一本阅读的时间管理书籍是《把时间留给最重要的事》，让我意识到不要事事力求完美，真正要做好的事情只是少数。

从此以后，我陆续阅读了许多关于时间管理的书籍，并开始结合自己的工作来践行时间管理。

在这个七年里，我的职业之路发生了重大转折，自己也得到了巨大的进步和发展。反思这段路，有五点重要的经验：

1. 找到并选择自己喜欢的行业，非常重要。

2. 选定了行业就要深耕细作，才能成为行业“大拿”。

3. 不要害怕尝试新岗位，机遇和挑战并存。

4. 坚持提升能力和积累资源，我们都可以变得更强大。

5. 对自己要有更大期望，争取为自己创造更大价值。

第四阶段，进入创业阶段，形成自己的时间管理方法论。

2013 年春节后，我开始正式创业。

为什么要创业？因为想要实现自己的价值和获取自由。但因为没有创业经验，一路上又交了很多学费。

最开始进入的是在线教育领域，受“罗辑思维”栏目启发，做了一档公益读书栏目“轻松读书”（到今天已经超过 100 期），但由于没找到商业模式而被迫转型。

由于对游戏的热爱和理解，我进入了手机游戏领域，带领团队开发了一款三国类手机游戏，但公司却无法实现盈亏平衡。

再后来，我进入了小学生课后托管行业。团队用 1 年时间，打造了一个课后托管平台，并把用户量做到了全国领先。非常遗憾的是，由于内部意见的不统一，我最终选择了退出。

2018 年，我重新回到在线教育领域，创办了“职加速”这家公司，计划用 10 年时间深耕细作，帮助 1000 万职场人提升个人能力、实现职场加速。

创业阶段的故事和经验实在太多，在此不再展开说明。也许某一天，我会写一本关于创业的书，来给大家细细分享。

时间管理是每个人都必须具备的能力。懂得时间管理的人，才能用好自己的时间，为自己创造更大的价值。

如果你希望进一步增强时间管理能力，不妨报名参加波波羊大叔开设的“时间管理训练营”。训练营使用了全国领先的在线教育模式，专业老师会用 1 个月的时间，带领你完成各种时间管理训练，更好践行时间管理。

关于时间管理和职场成长，如果你有更多问题和困惑，欢迎关注新浪微博“波波羊”，和大叔进行互动。

波波羊　新浪微博